LES VÉRITÉS PARALLÈLES

DU MÊME AUTEUR

—

Le parfum des cendres. Finitude, 2021.

MARIE MANGEZ

Les vérités parallèles

FINITUDE

Illustration de couverture :
© Depiano / Shutterstock

ISBN 978-2-36339-212-1

0

30 OCTOBRE 1988

Le jour où Arnaud est devenu faussaire, il avait sept ans. L'âge de raison. Affirmer, toutefois, qu'il s'agit de son premier fait d'armes serait mentir. En réalité, ce jour d'octobre 1988, le terrain est déjà préparé depuis longtemps. Mais à ce moment-là, Arnaud ne le sait pas, ou bien de façon confuse. Il ne sait pas qu'il pousse, depuis sa naissance, dans le terreau fertile des choses non dites, dans la poussière invisible des squelettes du placard. Bien sûr, il y a eu Léonard, et puis le reste, tous ces petits arrangements, déjà, ces broderies subtiles sur la toile du réel. Mais il ne sait pas encore que tous ces minuscules écarts étaient autant de jalons sur la route qui devait, sans en avoir l'air, le mener jusqu'à ce jour d'octobre 1988.

Plus tard, bien plus tard, lorsqu'il se repassera le fil de son histoire, il comprendra. Il saura que ce jour-là est à la fois un point de départ et un aboutissement. Un début qui contient en lui-même tout ce qui va suivre. Mais tout ça, cet Arnaud de sept ans ne le sait pas encore.

Tout ce qu'Arnaud sait, ce jour-là, c'est qu'un cataclysme s'est abattu sur lui. Il ne s'y attendait pas. Il contemplait les cumulostratus par la fenêtre, activité routinière, quand le couperet est tombé. D'un coup.

« Voilà ce qui arrive, monsieur Daguerre, quand on ne fait pas attention ! »

La voix de madame Riquet, sardonique, son poignet rachitique qui lâche avec dédain, sous les yeux d'Arnaud, l'objet du délit.

D'abord, il n'a pas compris. A cligné des yeux plusieurs fois, incrédule. Ça ne *pouvait* pas être un 1. Non. Impossible. 1/10 ? Vraiment ? Lui, l'élève modèle dont la scolarité s'écoule avec la quiétude d'un fleuve sans crues, lui donc, Arnaud Daguerre, 1/10 ?

Madame Riquet était déjà passée à d'autres victimes, laissant à Arnaud le soin de remonter à la source de la débâcle. Ici, à la première ligne, dans la consigne même. Banal problème de copie. Les 96 pommes du problème, devenues 69 sous sa main inattentive. Ça aurait pu en rester là, si ces pommes n'étaient pas destinées à une cascade de divisions, soustractions, multiplications : et voilà, effet domino. Implacable. « J'ai quand même mis 1 pour la justesse des calculs », a néanmoins précisé la maîtresse, magnanime. Madame Riquet et son esprit comptable ne pardonnent rien. Il fallait faire attention, Arnaud. A-TTEN-TION.

Alors forcément, ce soir, il n'a pas le cœur à grand-chose. Ni à avaler son chausson aux pommes (ces foutues pommes, encore), ce qui a inquiété Maria – est-ce qu'il était malade ? gastro ? intoxication alimentaire ? –, ni à ouvrir ses chers journaux – ce qui, pour le coup, a plutôt rassuré Maria, c'est pas vraiment des lectures pour un enfant tout ça, m'enfin loin de moi l'idée de contredire Monsieur et Madame bien sûr. Ni même à jouer avec Léonard, ce qui n'a ni inquiété ni rassuré Maria, pour la bonne et simple raison qu'elle ne connaît pas Léonard (personne, à vrai dire, ne connaît Léonard). D'ailleurs, elle ne connaît pas vraiment Arnaud non plus : ça ne fait qu'un an qu'elle travaille ici, et dans un an elle sera sans doute partie, elle aussi. Mais bon, ils évoluent en bonne entente. Un contrat de collaboration pacifique à durée déterminée. Maria lui fiche la paix, il fiche la paix à Maria.

« En piste ! Allez frérot ! C'est de la gnognotte, ça ! Laisse tomber... »

Léonard tente de lui remonter le moral. Ils ont tout de même un continent à découvrir, ce n'est pas le moment de baisser les bras. Sans grande conviction, Arnaud enfile sa chemise d'Explorateur, celle à carreaux, la seule de sa garde-robe qui ait un peu de gueule, enfin qui ne fasse pas trop enfant de chœur, quoi. Le miroir lui renvoie le reflet de son torse pâle et frêle, trop frêle, il aurait voulu être robuste et trapu comme Léonard, et non ce long garçon mince qui le regarde dans la glace. Il aurait voulu être plein d'audace et de bravoure, plutôt qu'un petit Parisien délicat, ne connaissant du vaste monde que les hauts plafonds à moulures de sa chambre et les mots imprimés qu'il dévore tous les soirs.

Heureusement, il y a Léonard. Avec lui, l'univers ouvre ses portes à Arnaud Daguerre.

« Allez Arnaud, ramène-toi ! Qu'est-ce que t'as à traîner ? L'Algérie nous attend, mon vieux ! »

Dans le miroir, Léonard chevauche déjà, le torse bombé, prêt à sauver le monde. Il n'a peur de rien, Léonard. Il est l'inverse absolu d'Arnaud.

Arnaud enfourche son propre cheval, tente de rattraper Léonard qui est déjà parti. Sa silhouette s'éloigne au fond du miroir, peu à peu, jusqu'à n'être plus qu'un point, un grain de beauté sur du désert beige ; et Arnaud sait qu'il n'y arrivera pas, pas aujourd'hui, non, le cœur n'y est pas, il devra laisser Léonard poursuivre la route tout seul. Lequel a déjà disparu, de toute façon. Arnaud capitule et quitte le miroir pour s'affaler sur son lit, un sanglot coincé au milieu de la gorge.

1/10. 1/10, mille milliards de mille sabords de tonnerre de Brest. Comment est-ce possible, *comment* ?

Eh ben, il n'y a pas de mystère, Arnaud, c'est la faute à ta tête de gruyère. Il a toujours su, dans le fond, que ça finirait par lui poser problème. Depuis toujours, il a déployé des efforts titanesques pour que ça ne se voie pas, pour que personne ne soupçonne que sa tête est parsemée de trous. En toutes circonstances, il fait ce qu'on attend de lui : note sagement les cours dans ses cahiers, ne bavarde pas, remplit ses devoirs sans difficulté, récite ses leçons sous l'œil approbateur de ses parents, se mêle à la foule de ses congénères dans la cour de récré, échange des billes, joue à la balle aux prisonniers et à l'enfant modèle. Joue à faire semblant d'être présent, quand sa tête s'est évaporée.

Il sait bien, en effet, qu'une tête de gruyère, ça ne rentre pas dans le cadre. Il voit bien que les autres n'ont pas une tête aussi trouée que la sienne, qu'il est un couac, une anomalie. Et personne n'aime les anomalies, pas vrai ? Le seul, peut-être, qui n'a rien contre les têtes de gruyère – sans doute car il en est une lui-même –, ça serait l'oncle Alban. Mais l'oncle Alban l'a abandonné, il est parti Dieu sait où, et Dieu sait s'il va revenir un jour. Il l'a abandonné et Arnaud est plus seul que jamais avec sa tête trouée.

Jusqu'à présent, il réussissait sans problème, parvenant toujours, d'une pirouette, à combler les trous. Toujours, jusqu'à aujourd'hui et ce 1 funeste. Mais maintenant c'est fini, foutu, le voici démasqué. Madame Riquet *sait*. Elle sait que la tête d'Arnaud n'était pas avec ces 96 pommes, mais loin, bien loin de là. Elle sait à présent qu'il est troué, qu'il est un cas désespéré.

Et ses parents... ses parents sauront, eux aussi. Arnaud tremble de tout son frêle corps en y pensant. Il voit la scène avec une netteté tranchante : la nuit tombée, sa lampe de chevet allumée et lui, dans son lit avec son pyjama à rayures bleues, le torse droit comme un i – comme un 1 –, le cœur battant à tout rompre, guettant le claquement de la porte d'entrée. Et puis cette voix familière, le parquet du couloir qui craque sous les pas, le cliquetis de la poignée, et la tête de sa mère, sa longue silhouette en tailleur, son sourire un peu fatigué, même si elle ne veut pas le montrer. Et LA question. Inévitable – Anne Daguerre a un calendrier greffé à l'intérieur du cerveau. Alors, ton contrôle de maths ? Là, le monde s'effondre. Le sourire disparaît sous les plis amers, sévères, qui retombent aux deux coins de la jolie bouche nacrée. Et sa mère abandonne son tailleur maternel pour se draper de nouveau dans sa robe noire de magistrate. Qu'avez-vous à dire, Arnaud Daguerre, pour votre défense ? Rien du tout Maman, juste... Juste quoi ? Ma tête... Quoi ta tête ? Elle est partie. Pardon ? Partie. Pffuitt. Comme ça. J'ai rien pu faire Maman, je te jure. Et partie où, je te le demande ? En Birmanie, Maman. Birmanie ? Oui, Léonard et moi on lutte avec les manifestants. Ah. J'imagine que c'est une activité bien plus palpitante qu'un vulgaire contrôle de maths ? Ah ben ça oui, c'est sûr, qu'est-ce qu'on s'en tamponne des pommes comme dirait l'oncle Alban...

En fait non, il ne dira rien de tout ça, il restera là, muet et tremblant, attendant la sentence. Et sa mère ne dira rien non plus, à part : on en parle à ton père demain matin. Mais il y a pire que les mots, parfois, il y a l'absence de mots. Le néant qui l'aspire. Et sa respiration s'accélère, le vertige, il perd pied, il voudrait hurler, mais tout était *juste* à part la première ligne !, il hurle à l'injustice et pourtant il le sait, c'est de sa faute, il n'avait qu'à être digne de ses parents, ses parents qui maintenant savent cette vérité crue, terrible : leur fils n'est rien, un zéro social, un pantin troué qui fait semblant d'être normal.

Il se relève d'un bond. Ça suffit, Arnaud, ça suffit, bon sang de bonsoir. Ils ne sauront pas, non. Personne n'a jamais su, personne ne saura. Ce n'est pas un petit problème arithmétique qui va briser ça. Après tout, c'est encore rattrapable. Ressaisis-toi, mon vieux. Il ne manque pas grand-chose, une infime retouche, pour que ton costume reste intact.

Il sort la copie de son cartable, prend une feuille vierge qu'il pose à côté. S'applique. Inscrit « Contrôle de mathématiques » en haut, souligné en rouge comme il se doit. La date dudit contrôle. La consigne du problème, avec le maraîcher et ses 96 pommes. Et puis la suite, tous ces calculs qu'il refait, un à un, jusqu'au résultat final, avant de contempler son œuvre. Irréprochable. À un détail près – le détail qui va la rendre présentable. Arnaud examine le trait rouge et acéré de l'institutrice sur la copie originale, si différent de sa tâtonnante écriture d'enfant. Mais rien d'impossible. Juste un peu de boulot supplémentaire, et il pourra, il en est sûr, reproduire ce tracé rapide et assuré. 01010101010101, il noircit des lignes sur une feuille de brouillon, d'abord timides et vacillantes, trop appliquées, 0 1 0 1 0 1, et puis son poignet s'assouplit, le trait se fait plus sûr, plus délié, 010101010101011111000000, c'est bon, il l'a, il l'a!

Alors, sans trembler, sans hésiter, sur la fausse copie au résultat juste, il appose au stylo rouge le fruit de son labeur. C'est ce papier dûment noté, gage de son authenticité, qu'Arnaud va montrer à ses parents ce soir, c'est celui-ci qui désormais se substituera, pour tous, à la version originale. Il croit pouvoir ainsi étouffer son échec, le renvoyer dans les limbes de l'inexistant; il ne sait pas encore qu'il ne fait que repousser l'affaire, que ce 1/10, qu'il le veuille ou non, par l'imparable exactitude des chiffres, figurera malgré tout dans son bulletin du premier trimestre. Il ignore qu'il faudra donc, par la suite, redoubler de ruse et d'efforts. Il ignore qu'il vient de mettre le doigt dans un engrenage dont il ne s'extirpera pas. Il ignore qu'en réécrivant l'histoire de son contrôle de maths, c'est la sienne qu'il écrit également.

Non, tout ça, Arnaud ne le sait pas encore, en cette minute où il trace avec soin, à la droite du 1, un beau 0 rond comme un œuf: l'embryon de sa carrière d'imposteur.

Premier acte

GRAVIR

1

8 JANVIER 2007

Il descend d'un pas vif l'avenue Émile Zola, ses pieds martelant le bitume au rythme du cœur cognant dans sa poitrine. Il sent son estomac se contracter, on y est presque, il arrive, plus que quelques pas, le voilà.

Le Miroir.

Bâtiment de verre un peu terni par les ans, ruche de sept étages nichée près des quais de Seine, entre les tours de Beaugrenelle et le pont Mirabeau. Le Miroir, temple du journalisme d'investigation depuis 1948. Un prestige qui rejaillit sur l'édifice, lustre ses jointures, redore et lisse sa façade jaunie striée de discrètes coulées grisâtres.

Arnaud ralentit l'allure : 9 h 56, il est en avance. Il adopte le pas du touriste nonchalant égaré dans les tréfonds du XVe arrondissement, laisse son regard glisser le long de la vitrine du salon de coiffure Imagin'hair et de l'éventaire du kiosque à journaux, sur lequel la presse étrenne les gros titres du jour. Un jour spécial, un grand jour. Aujourd'hui, mesdames et messieurs, les États-Unis bombardent la Somalie, une météorite tombe sur une maison du New Jersey, Steve Jobs s'apprête à lancer son iPhone, des gens meurent, d'autres naissent, pleins d'espoir, et Arnaud Daguerre entre au Miroir.

Entre au Miroir. *Entre au Miroir* ! Il s'est répété ces mots inlassablement, sous la douche, en se rasant, devant la glace de la salle de bains, celle de la chambre, devant le miroir de l'ascenseur, en marchant le long des trottoirs parisiens, gonflé d'orgueil, noué d'angoisse, jusqu'à la grande porte vitrée dans laquelle il a le temps d'apercevoir son reflet blême, avant que l'ouverture des battants ne le déchire en deux.

Philippe vient l'accueillir dans le hall, à grandes enjambées toniques. Tête poivre et sel, œil vif, voix grave et rauque de fumeur de cigare. Et poignée de main chaleureuse en guise de bienvenue.

« Bon ! Arnaud ! Pas la peine de te faire une visite guidée, hein. Tu connais déjà. Enfin, je t'emmène au moins à ton bureau » – clin d'œil furtif, fragment de connivence à saisir avant que le boss, derechef, ne joigne l'action à la parole.

Arnaud s'engouffre sur ses talons, à travers les enfilades bourdonnantes de couloirs ouvrant sur des salles plus ou moins pleines où, dans un air dense d'esprits échauffés et de concentration foisonnante, crépitent les claviers. Avalant goulûment, au passage, des bribes de cette atmosphère studieuse et bouillonnante qui le galvanise. Faire partie de cette ruche, venir nourrir, comme le reste de cet essaim de forçats, la déesse-mère de l'Information : un rêve de toujours. Qu'il n'avait même pas espéré pouvoir réaliser si tôt, deux ans seulement après son stage de fin d'études au sein du vénérable hebdomadaire.

L'ascenseur les conduit au cinquième étage, antre du *Miroir.fr* et nouveau fief d'Arnaud Daguerre. Les têtes se lèvent à leur arrivée. Certaines inconnues d'Arnaud, d'autres vaguement croisées au détour d'une pige. Toutes dévisageant avec un intérêt non dissimulé ce jeune type brun et mince, à la dégaine d'enfant sage, débarqué aux côtés du directeur de la rédaction. On sait déjà qu'il est le petit protégé de Philippe Girard – lequel ne s'entiche pourtant pas facilement. On sait que c'est un novice, un môme, tout juste un quart de siècle au compteur : le plus jeune journaliste embauché en CDI au Miroir depuis deux décennies. On s'est passé le mot, dans les couloirs, à la rédac', ici au *Miroir.fr* en particulier, curieux, pour ceux qui ne l'avaient jamais vu, de rencontrer le prodige, le chouchou qu'on attend au tournant, dont on guette la faille, cherchant à évaluer si, oui ou non, ce succès précoce est bien mérité.

Et maintenant le voici, le prodige en question. Discret malgré sa haute stature, planté sur le seuil, sentant le long de sa peau la brûlure aiguë de ces regards, la froideur des uns et la fausse chaleur accueillante des autres. Et il reste là, avec sur les lèvres un sourire timide qui instantanément rassure les rédacteurs.

Pas l'air d'un petit con arrogant, au moins. C'est déjà ça.

« Bon ! Les enfants, je vous présente Arnaud. Certains le connaissent déjà. Ne le bouffez pas, je compte sur vous. Pierre, je te laisse le briefer sur le fonctionnement de la planète web. Rapide. Allez, à plus tard. »

Sur ce, Philippe ôte sa main de l'épaule d'Arnaud et tourne les talons, livrant son poulain en pâture à ses nouveaux collègues.

Pierre, grand type maigre à lunettes et au physique de héron, rédac' chef du *Miroir.fr*, s'exécute d'assez mauvaise grâce.

« Prends un siège et viens à côté de moi », marmonne-t-il à l'attention du nouveau.

Lequel obtempère humblement.

« *Alright.* Alors. T'as déjà fait du web, Arnaud ?

— Euh, vite fait. Quelques articles pour le site du Parisien... et puis du bâtonnage de dépêches, un peu. »

Pierre laisse échapper un rire grinçant.

« T'inquiète, ici, c'est pas pour jouer au robot bâtonneur qu'on t'a embauché. Ça, c'est le boulot de Mathilde, là-bas. On peut pas tous avoir le privilège de faire des trucs intéressants, hein ? »

Arnaud garde le silence, gêné.

« Tu sais un peu pourquoi t'es là, quand même ?

— Je... je crois...

— Alors ?

— Ben, Philippe m'a dit qu'il y avait besoin de, euh... » Il choisit ses mots avec précaution, conscient d'avancer en terrain sensible. « ... de venir *appuyer*, en quelque sorte, la réforme du site que vous êtes en train d'initier... Enfin, si j'ai bien compris. »

Pierre le regarde fixement. Se gratte le nez d'un air pensif.

« Ouais... Diplomate, hein ?

— ...

— Bon, en gros, ce que Girard veut, c'est que t'apportes un vernis de glamour au *Miroir.fr*. J'entends : qu'on ne se contente plus de faire de la *news* de comptoir et de relayer les dépêches AFP, mais que le site du Miroir produise ses propres reportages de qualité en ligne. Soit la vraie vitrine du journal, quoi, et plus seulement un petit appendice négligeable qui se fait damer le pion par tous les autres médias *online*. Clair ? »

Arnaud s'empresse d'opiner du chef.

Pierre a grogné, masquant difficilement son aigreur.

Lorsque, sept ans plus tôt, à l'aube de l'an 2000, il a créé l'extension web du Miroir, son statut d'hurluberlu illuminé faisait largement consensus au sein de la rédaction. Des années qu'il bataille pour faire admettre à sa direction rétrograde le caractère désormais incontournable de la présence du Miroir sur la Toile ; pendant longtemps, on l'a gentiment envoyé se faire cuire un œuf, gratifié du doux sobriquet de *Cyberpierre* et examiné avec une condescendance amusée ses exotiques propositions de développement du site. Quant au budget alloué à ce dernier, il se résumait à des cacahuètes : vague aumône balancée par intermittence afin que Cyberpierre continue à bricoler son joujou dans son coin avec un minimum d'emmerdements pour les autres, les *vrais* journalistes. Alors que tous les journaux français et étrangers, ou presque, tentaient de se creuser une place de choix au sein cet univers virtuel dont on pressentait l'importance à venir, le Miroir, sous l'égide de Philippe Girard, persistait à s'accrocher, avec une conviction bornée, à une vision mathusalémienne du journalisme : de beaux récits imprimés sur papier, longs, denses, littéraires, se réclamant d'un « Nouveau Journalisme » qui n'a plus de nouveau que le nom, figé dans une conception tout droit venue des années soixante-dix, comme dans un vieux manteau démodé et froissé. Le journalisme du Miroir, c'est la qualité du reportage au long cours, a coutume de répéter Philippe, c'est des mots, de la narration, en *français*, pas en code HTBL – HTML, rectifie invariablement Pierre – m'en fous, enfin ce n'est pas qu'une suite de 0 et de 1, quoi.

Jusqu'au jour où ledit Philippe, lui-même, la vieille garde du nouveau journalisme, mû par la grâce divine, débarqua au cinquième étage pour annoncer en grande pompe une idée révolutionnaire, dont il se demandait visiblement pourquoi personne n'y avait pensé plus tôt : il faut doter le Miroir d'un site internet digne de ce nom ! Pierre manqua s'étrangler. Putain Philippe, c'est une blague ? Mais ça fait *des années* que je me casse le cul à le créer, ce site digne de ce nom, justement ! Le boss balaya d'un revers de main cette insignifiante précision. Ton truc, c'est pas le Miroir, Pierre. Moi, ce dont je parle, c'est vraiment du Miroir projeté sur la Toile pour refléter le monde... *notre* Miroir, avec sa patte, ses enquêtes, son style. Pas du Miroir pris dans la Toile comme une mouche à l'agonie. Tu vois ? Pierre voyait surtout qu'il venait de comparer son labeur de presque dix ans à une mouche agonisante et, bouillonnant de fureur, s'apprêtait ni une ni deux à rendre son tablier, lorsque Philippe lui posa la main sur l'épaule, adoptant ce ton grave, affectueux, ce regard droit et confiant qui font céder même les plus réfractaires – technique imparable : mais pour ça on a besoin de toi, Pierre. Personne ici ne connaît le web mieux que toi. C'est toi qui piloteras le projet. Sur quoi Pierre, évidemment flatté, finit par marmonner oui bon, bon, d'accord. La méthode Philippe. Toujours pareil.

Et voilà maintenant qu'on lui parachute ce gamin, choix du despote qui ne tolère aucune objection – arguant que le jeune homme, avec sa plume talentueuse (*sic*) et pleine d'avenir, saura impulser la dynamique nécessaire au *Miroir.fr*. Pierre eut beau rétorquer qu'en tant que rédacteur en chef, il lui semblait pourtant avoir un droit de regard minimal sur la constitution de son équipe de rédaction, on lui fit comprendre, sans équivoque, que ce droit dépendait des circonstances, et qu'en l'occurrence on ne lui demandait pas son avis.

Il coule un regard vers Arnaud, sagement assis à ses côtés, prenant des notes et hochant la tête d'un air sérieux alors qu'il le briefe sur le fonctionnement de la blogroll et du flux RSS. Pierre a du mal à s'en forger, d'emblée, une opinion. On verra bien. Quoi qu'il en soit, le gosse a tout intérêt à faire l'affaire.

« ... Voilà. C'est tout. Pas la mer à boire. Des questions ?

— Non non c'est bon, tout est clair, je crois. »

D'une extension de bras, Pierre fait pivoter son siège et désigne du menton un poste de travail vide au fond du bureau.

« Ça, c'est chez toi. Je te laisse prendre tes quartiers. »

2

12 FÉVRIER 2007

Faire les choses bien. Ne pas se tromper, jamais.

Arnaud a appris, depuis sa plus tendre enfance. Appris à ne pas décevoir, à deviner les attentes pour s'y glisser comme dans un étui de protection.

Il parcourt ses notes, tente de se composer un visage concentré, impassible, devant l'ordinateur, de maîtriser le tressautement nerveux de sa jambe droite. Autour de lui, heureusement, ses collègues semblent absorbés dans leurs propres tâches. Ne prêtant à Arnaud pas plus d'attention qu'à la bannière rouge accrochée au mur, comme dans toutes les salles de rédaction, et sur laquelle est fièrement proclamée la devise du Miroir : *Dire ce qui est.*

Dire ce qui est. Ce qui est : des fragments d'informations éparses, gruyère de réel à malaxer pour combler les trous, à tailler, bricoler, polir pour le transformer en un bel objet virtuel de 3000 signes. Il sait le faire, l'a déjà fait de nombreuses fois. Mais il sait aussi que, pour son premier essai au *Miroir.fr*, il n'a pas droit à l'erreur. Être digne des promesses qu'on lui fait porter, de la confiance que Philippe lui a accordée.

Il fouille sa matière, les couleurs avec lesquelles il est censé réaliser son article. Rien de très consistant, hélas. Les barres grisâtres de la Cité des 4000, gigantesques cages à poules percées de fenêtres comme autant d'alvéoles décaties. Les maigres bandes de gazon au pied du béton, les paisibles rues pavillonnaires avec ces masses grises en toile de fond. Les graffitis disséminés partout, messages hermétiques jetés aux murs, griffés sur les stores fermés – codes de chasse au trésor à déchiffrer. La foule morose crachée par le RER, à laquelle il s'est mêlé, dans un confortable anonymat qui s'est effrité à l'approche des 4000. Des regards, curieux, hostiles, indifférents ou goguenards. Des voiles et des boubous, des qamis et des sweats à capuches. Des basses de rap s'échappant d'une voiture, quelques bribes de paroles saisies au vol, dans la rue et dans le bar-tabac où il a fini par se replier. Le gérant dudit tabac, flegmatique et jovial. Et puis l'autre, le client – Michou – avec son aigreur alcoolisée, sa colère noyée dans la bière et les clopes, comme un feu intérieur brandi contre *Sarko et son putain d'Kärcher à la con.*

Sur son carnet, Arnaud a souligné deux fois ce verbatim. On est au cœur du sujet. « Prendre le pouls de la France à quelques mois des présidentielles » : c'est sur ce beau programme que s'est conclue, dans un brouhaha animé, la dernière conférence de rédaction. Et, comme première étape de ce tour d'horizon diagnostique, La Courneuve. Tiens

Arnaud, a lancé le boss sans préliminaire, toi qui es notre expert *ès* Seine-Saint-Denis, tu veux pas aller nous raconter ce qu'ils en pensent, là-bas, des futures élections ! Proposition accompagnée d'une amicale tape sur l'épaule, et sonnant comme un ordre – Arnaud a commencé à comprendre que toute suggestion, chez Philippe, a valeur d'injonction.

Expert *ès* 93. La bonne blague. Ces lauriers en toc le feraient bien rire s'ils ne le rendaient pas aussi nerveux. Lui, le gosse des beaux quartiers, le garçon du VIIe élevé à deux pas des Invalides, spécialiste des *téci* de Seine-Saint-Denis...

Il sait pourtant d'où lui vient ce titre ronflant. Au temps, pas si lointain, où il n'était qu'un banal pigiste, ses micro-reportages sur les émeutes de 2005 avaient fait mouche – et, il en est conscient, n'ont pas joué un maigre rôle dans son embauche au Miroir. Une série de portraits, croqués sur le vif, de ces banlieues aux voitures calcinées et à la jeunesse enragée. Arnaud ignore, en revanche, comment sa hiérarchie l'imagine sur le terrain – un MacGyver du journalisme d'infiltration, sachant braver tous les obstacles et extirper des confidences ? –, mais se doute que la réalité de ses performances en est quelque peu éloignée. Il y a deux ans, lors des émeutes, son enquête de terrain a essentiellement consisté à déambuler, la peur au ventre et le pas indécis, aux abords des cités, recueillir timidement la parole de quelques quidams à l'air désœuvré, et fuir avec application dès qu'un regard trop insistant lui rappelait sa condition d'intrus.

Et 2007, La Courneuve, même scénario. Il a beau adopter la tenue et l'attitude les plus neutres possible, il sait très bien, en effet, que tout en lui le trahit, que tout, malgré lui, transpire l'aisance du fils de bonne famille, le sage raffinement d'un garçon nourri aux leçons de piano, catéchisme du mercredi matin et vacances à Arcachon. Et dans ces confins urbains qui traînent avec eux, comme des boulets, des mots tels que *défavorisés, violence, ghetto* et autres *Zones d'Éducation Prioritaire,* Arnaud ressent avec acuité son décalage, l'impitoyable reflet de son enfance privilégiée que lui renvoient ces murs lépreux et ce RER bondé.

La fameuse cité des 4000 menacée de purge au Kärcher, Arnaud s'est donc contenté de l'observer à distance respectable, intimidé par cette masse derrière laquelle fourmillent tant de vies différentes de la sienne. Dans son sac en bandoulière, le calepin et le magnétophone de poche, encore inutilisés. Il aurait pu, pourtant. Des interviewés potentiels, ce n'est pas faute d'en avoir croisés, au cours de son errance un peu flottante : plusieurs mères de famille affairées, des groupes de jeunes zonant devant les barres, cette femme qui l'a dévisagé d'un air curieux, monsieur vous êtes perdu, je peux vous aider ?, et à qui il a bafouillé, pris de court, non non c'est bon merci, j'attends quelqu'un… Avant de se maudire une demi-seconde plus tard. Attendre qui, Arnaud, bon sang ? Attendre l'interviewé idéal qui viendrait vers toi, visage flanqué d'un sourire radieux, pour te livrer, sans que tu aies besoin de lever le petit doigt, toute la matière de ton article ? Oui, dans le fond, il sait très bien que c'est ce dont il rêve – que l'information vienne à lui toute seule, sans effort et sans porte à forcer.

Il a fini par s'éloigner, exaspéré contre lui-même. Il hésite à lâcher l'affaire, quitter La Courneuve et l'inconfort qu'elle suscite en lui, il trouvera bien de quoi bricoler avec ces maigres informations… Et puis, un sursaut de panique le fait réagir, il ne peut pas partir maintenant, non, pas les mains vides à ce point, après tout il est journaliste au Miroir, au

Miroir, bon Dieu, pas chez BFMTV, il faut qu'il en soit digne. Revenir sur ses pas lui semble au-dessus de ses forces, mais le petit bar-tabac, là, sur le chemin de la gare de RER, représente peut-être son ultime chance. Le genre d'endroit où l'on trouve toujours au moins quelques poivrots prêts à tailler une bavette.

Il entre, l'air de rien, achète le journal et un paquet de cigarettes qu'il ne fumera pas. Le type derrière le comptoir jette un œil aux gros titres agrémentés d'une photo de Nicolas Sarkozy à la moue sévère ; un sourire ironique se dessine sur sa face ronde, tandis qu'il rend à Arnaud sa monnaie.

« Si celui-là il passe, ici ça va criser, hein, moi je vous le dis !

— Vous pensez ?

— Je pense pas, je sais. »

Il examine son client, sans hostilité.

« Vous êtes pas du coin, hein. »

Pas une question, plutôt une placide affirmation, qui n'attend pas spécialement de retour. Mais la mine bonhomme du commerçant enhardit Arnaud. Il sert fébrilement le calepin à l'intérieur de son sac et se lance, en apnée :

« En fait, je suis journaliste. »

Absorbé par l'inventaire des tickets entassés à côté de sa caisse, l'homme laisse échapper un « Ah ? » distrait. Que le jeune homme en face de lui soit journaliste, éboueur, ministre de la Culture ou émissaire d'Al-Qaïda, rien ne semble l'émouvoir suffisamment pour le détourner de ses tickets de caisse.

Pour le client accoudé au comptoir, en revanche, l'information n'est pas tombée dans l'oreille d'un sourd.

« Journaliste ? Encore un d'ces fouille-merde ? »

L'homme, installé devant sa bière, agrémente ses propos d'un raclement de gorge méprisant.

« Et kesvoufoutez là, on peut vous l'demander ? V'nez lancer des cacahuètes aux pov' gars d'La Courneuve qu'ont rien à s'fout' sous la dent ? Vous embêtez pas, j'en ai d'jà, moi, des cacahuètes.

— Ta gueule Michou, lance le patron avec calme, avant de lever un œil de ses tickets pour le poser sur Arnaud. Faites pas attention à lui. Il est imbibé comme une éponge.

— Ça t'arrange bien, hein, Hakim, que j'sois imbibé ! Kesk'y d'viendrait ton chiffre d'affaires si j'étais pas là pour le remplir !

— Laisse les clients tranquilles. Combien de fois faudra que je te le répète ? Si t'attaques tous ceux qui viennent ici et dont la gueule te revient pas, tu crois qu'il deviendra quoi, mon chiffre d'affaires ?

— J'l'attaque pas. J'attaque personne, putain. Tout c'que j'attaque, c'est mes cacahuètes. J'lui d'mandais juste c'qu'y v'nait foutre ici, c'est interdit par Monseigneur Hakim d'La-Courneuve-de-mon-cul ?

— Monsieur est là pour le travail, je présume. Pas vrai ? »

Arnaud, qui était resté figé, debout, devant son journal encore posé sur le comptoir, s'empresse d'opiner du chef.

« C'est ça. En fait, je suis journaliste au Miroir, et je fais une enquête s...

— Sur les sauvages de Paname-Nord, coupe dans un ricanement le poivrot courneuvien en s'allumant une cigarette.

— Pour la *millième fois,* pas à l'intérieur, Michou... » lâche Hakim d'un ton las.

L'intéressé tourne vivement vers lui sa face aigre et tannée.

« Quoi, toi aussi tu t'y mets, c'est ça ? Pas d'clope pas d'feu pas d'désordre, on éteint tout, paf! Un bon coup d'Kärcher et c'est r'parti comme sur des roulettes ! Du tout cuit, la vie !

— Il fait son cinéma parce que vous êtes là », précise le patron à l'attention d'Arnaud.

Ce qui a pour effet de décupler l'agitation de Michou, lequel, d'un geste brusque, saisit le journal et le secoue furieusement devant ses deux spectateurs :

« Mon cinéma ! Ah ouais ! C'est moi qui fais mon cinoche, alors ! Et pas l'autre, hein ! Le Sarko avec sa tête de fion ! Nan, pas du tout ! Les autres, là, ces connards qui font du ronflonflon toute la journée en veux-tu en v'là, qui pètent plus haut qu'leur cul sous prétexte qu'y passent à la téloche, qu'y-z-ont leurs noms dans les feuilles de chou et dans les bulletins d'vote, eux, c'est pas du cinoche, p'têt ?

— C'est pas du cinéma, c'est de la politique. C'est pas pareil.

— Moi j'vois pas la différence.

— C'est parce que t'es pas dans le monde réel, Michou. »

Michou encaisse le coup avec une large lampée de bière.

« L'monde réel, l'monde réel, marmonne-t-il, c'est quoi, l'monde réel ? Sarko, ses *racailles* et son putain d'Kärcher à la con ?! »

Le commerçant hausse les épaules.

« Vous voyez, fait-il à Arnaud dans un hochement de tête catégorique, ça va criser. Je vous le dis. »

Sur quoi le journaliste esquisse un sourire un peu pataud, marmonne des remerciements et prend la tangente, laissant là ce monde dans lequel il n'est pas le bienvenu, le monde de Michou et de tous ceux qui nourrissent des sentiments peu amènes envers les fouille-merde de son espèce.

Il n'a rien enregistré. Seules, dans son calepin, des notes prises à la va-vite dans le RER du retour, dessinant les contours de ce qui fut sa seule – et brève – incursion réelle dans la vie de La Courneuve. Il les relit, entend encore sonner à ses oreilles la voix rugueuse de Michou, ses mots crachés qui s'entrechoquent face aux calmes objections d'Hakim.

Ce sera ça, oui. Son fil. Il les tient, ses deux personnages, ses deux larrons hauts en couleur qui viendront animer la toile.

Arnaud ouvre un nouveau document Word, se gratte le menton. On se concentre, mon grand. D'abord, planter le décor. Dépeindre, à grands coups de brosse, l'atmosphère sourde qui infuse cette ville à la grisaille bariolée de tags. Y placer les deux personnages, leur donner corps, mouvement et voix. Par petites touches leurs silhouettes se précisent, Hakim et Michou, porte-parole de La Courneuve. *Les yeux d'Hakim pétillent, lovés dans son visage jovial. Cet homme débonnaire, figure du quartier, sait rassembler dans son établissement les clients les plus éclectiques. Michou est l'un d'entre eux.* Arnaud s'applique à épurer le trait, à ne garder que les lignes essentielles pour mieux les appuyer, la rondeur d'Hakim, les plis amers du visage de Michou. *Il est assis au fond du bar, devant sa bière qui semble être sa seule compagnie. Des poches de fatigue encadrent ses yeux las, ses joues sont creusées sous les pommettes saillantes. Michou n'a pas cinquante ans, mais sa vie se lit déjà sur son visage.* Il joue des contrastes, accentue les reliefs, le chômeur blessé et le commerçant pragmatique, double visage de La Courneuve, sobre portrait dressé en quelques coups de crayon. *Tandis que Michou avale une large lampée de bière, Hakim s'interrompt pour servir deux paquets de Marlboro à une jeune femme coiffée d'un voile en coton rose. Dehors, un groupe d'adolescents passe dans un éclat de rire.* Il remodèle, recompose, assemble et réordonne ces fragments de réalité épars, déplace les hommes en qamis de retour de la mosquée, croisés à l'autre bout des 4000, pour les faire passer devant le bar-tabac, fait surgir en écho, entre deux propos de Michou, le rap scandé, virulent, de la sono des jeunes entendue au milieu des barres de la cité, efface d'un discret frottement de gomme son propre malaise de gratte-papier. *Dans cette banlieue aux multiples facettes, l'avenir inquiète. En mai prochain, La Courneuve va-t-elle s'enflammer ?*

Il peaufine sa composition, retouche quelques détails, recouvre le tout d'un beau glacis et relit une dernière fois : ça fonctionne. L'ensemble forme un tableau de La Courneuve en janvier 2007, cohérent et harmonieux dans ses aspérités même. Tableau qui lui renvoie, au passage, l'image glorifiante d'un reporter accompli, menant avec une tranquille assurance la barque de son enquête.

Et Arnaud, peu à peu, sent son anxiété refluer ; il s'étire, lève la tête de l'écran et embrasse du regard la salle de rédaction. Avec, sur les lèvres, le sourire crâne et soulagé du skieur parvenu sans encombre en bas d'un couloir d'avalanche.

3

1er JUILLET 2007

« Encore un peu de salade, Arnaud ? »

Laurence lui sourit par-dessus le plat de laitue. L'intéressé a à peine le temps d'articuler un humble « oui je veux bien, merci beaucoup » qu'il voit son assiette se faire ensevelir sous un Himalaya de feuilles vertes.

« Elle vient de mon petit producteur du marché, tient-elle à préciser. 100 % bio. »

Arnaud n'en est pas surpris. Laurence Carle, femme mince et tonique au look *casual chic*, responsable communication pour une marque de linge de maison, professe un intérêt fiévreux pour le *sain* et le *naturel*, auquel elle rend hommage aussi bien dans son apparence et ses goûts en matière de décoration que, de toute évidence, dans sa cuisine.

« Et donc, reprend Jean-Claude, assis à côté de sa femme, le travail te plaît ? En tout cas, Adèle nous a dit que tu avais une carrière tout à fait brillante !

— Euh, je ne sais pas... J'ai peur de ne pas être le meilleur juge pour qualifier ma carrière.

— Arnaud est un peu trop modeste, précise Adèle.

— Mais c'est une qualité, ma chérie ! »

Devant sa salade, Adèle jubile. La présentation se déroule à merveille. Cela dit, qui n'apprécierait pas Arnaud – lui que ses amies ont même, dans un sourire où la moquerie se disputait à l'admiration, qualifié de *gendre idéal*? Elle était donc plutôt sûre de son coup, mais force est de constater que, pour l'heure, le résultat dépasse ses espérances.

« Non mais sans blague, renchérit-elle, vous savez que j'ai appris par pur hasard qu'il était le benjamin de sa rédaction ? Et même le plus jeune journaliste embauché depuis trente ans !

— Vingt ans, rectifie Arnaud. Et ça n'inclut pas les pigistes, dont certains sont à peine majeurs...

— Vous voyez comment il est. Il refuse toujours de croire qu'entrer au Miroir à vingt-cinq ans, c'est pas donné à n'importe qui.

— Et sinon, il t'a payée pour faire son apologie ou c'est juste que ça flatte ton propre ego ? »

Le pavé dans la mare de louanges a été jeté depuis l'autre bout de la table. Trente minutes que Faustine observe sans moufter cet exaspérant manège. Jolie petite pièce de théâtre concoctée par Adèle avec les bonnes grâces d'un public consentant. Elle en serait à deux doigts de plaindre ce pauvre mec, dernier sigisbée sur lequel sa sœur a mis le grappin, et contraint de jouer sans fausses notes sa partition. Il ne se débrouille d'ailleurs pas trop mal, il faut l'avouer. Paraîtrait même presque authentique dans sa modestie. Pour le reste, rien de nouveau sous le soleil : un garçon bien propre sur lui et au pedigree prestigieux, comme Adèle les affectionne. Grand brun à la ligne svelte, aux membres déliés. Traits harmonieux, voix calme au timbre agréable. Coche toutes les cases de ce que l'on nomme conventionnellement un beau gosse.

Faustine, par principe, n'aime pas les beaux gosses. Les belles gosses, encore moins.

Sa sœur est une belle gosse.

« On en reparlera le jour où tu seras capable de ressentir des sentiments envers un être humain, si tu veux bien, réplique derechef Adèle.

— Les filles, vous allez pas commencer », coupe Laurence dans un sourire un peu tendu, avant de se retourner vers leur invité. « Tu sais comment c'est, les sœurs, hein. Elles se titillent, mais elles s'adorent. »

À voir la moue sceptique des deux concernées, rien ne paraît moins sûr. Mais ce n'est pas le moment de questionner les certitudes maternelles, et Arnaud se contente d'un hochement de tête complaisant.

Cette atmosphère familiale l'amuse et le déroute. Il ne peut s'empêcher de faire la comparaison avec le cadre qu'il a lui-même connu, tente d'imaginer ses parents, grands-parents, oncles, tantes ou cousins s'envoyer des scuds aussi ouvertement que le font maintenant, devant ses yeux, Adèle et Faustine : non, décidément, ça ne colle pas. Du tout. Il revoit l'ambiance feutrée dans laquelle a baigné son enfance, jamais un mot plus haut que l'autre, jamais une querelle exprimée autrement que par un pli sombre entre les sourcils ou une discrète crispation de mâchoire, infimes signaux à interpréter pour comprendre que la réalité se révèle bien plus tumultueuse que ne le prétend cette lisse et paisible façade.

Si différent, tout ça, de la famille Carle, animée et bavarde, dans sa maison de Meudon, avec ses photos de voyage aux murs, sa table basse remplie de magazines pêle-mêle et ces deux sœurs qui s'écharpent sous l'œil blasé des parents débordant de sollicitude envers l'invité du jour.

« En tout cas, reprend Jean-Claude, nous on est des grands lecteurs du Miroir depuis toujours. Pas vrai Laurence ? »

Jean-Claude Carle : cadre dirigeant dans le secteur de l'énergie, énergie dont il ne manque d'ailleurs certainement pas. Entretient soigneusement sa condition physique à travers sa passion affichée pour le sport, consacrant tous ses dimanches matin, comme d'autres vont à la messe, à parcourir, chronomètre en poche, plusieurs dizaines de kilomètres sur son VTT. Abonné au *Monde* et à *Géo*. Arnaud n'a, en effet, aucun mal à croire qu'il soit également un lecteur assidu du Miroir.

« D'ailleurs j'ai lu tes articles sur internet, sur les élections. Vraiment très bien !

— Vous trouvez ?

— Ah oui ! Tous ces gens, on les voit parfaitement, avec leurs motivations électorales, leurs points de vue sur la société... Très instructif. Les villes sinistrées du Nord, on a vraiment l'impression d'y être. Et puis, ce type de La Courneuve, là... Il doit pas décolérer, d'ailleurs, depuis l'élection de Sarkozy.

— Pourtant, au final, il n'y a pas eu de nouvelles émeutes dans le 9-3, observe Adèle.

— C'est que, dans le fond, une partie de ces gens ne doivent pas être si mécontents que leurs cités gangrenées par la drogue subissent un petit nettoyage...

— Et les reportages, en général, ça se passe comment ?

s'empresse de demander Laurence, avant que la conversation n'emprunte une tournure potentiellement nuisible à l'harmonie générale. Le contact avec les personnes sur place ? Vous avez un réseau, ou bien... ?

— Ça dépend. Parfois, on part avec déjà des contacts locaux, oui. Mais la plupart du temps, on doit se débrouiller pour trouver des interlocuteurs sur place.

— Au fin fond de La Courneuve, ça doit pas être évident !

— Non, c'est vrai, parfois c'est pas très simple, les gens n'ont pas envie de parler, ils sont méfiants... »

Arnaud plie avec application sa feuille de salade au bout de sa fourchette.

« Alors il faut louvoyer, forcer un peu l'information. Ça fait partie du travail. D'ailleurs, pour être honnête, je trouve ça plutôt excitant. L'information qui vient d'elle-même, trop facilement, ça manque quand même un peu de piment.

— C'est bien un discours de reporter, ça, s'esclaffe Adèle.

— Et t'as jamais peur de faire chier les gens ? »

Arnaud tourne la tête vers Faustine. La sœur aînée d'Adèle braque sur lui un œil de représentant du Purgatoire, et il sent le malaise l'envahir.

Zen, Arnaud. Tu connais ton texte. Pas lieu de paniquer.

Il soutient son regard, examinant au passage cette fille sèche et caustique dont les dispositions à son égard ne sont visiblement pas des plus amènes. Une fille au physique en accord avec son attitude, corps et visage anguleux, traits sans douceur marqués par un nez et un menton proéminents, encadrés de longs cheveux châtain. À côté de la blonde Adèle, dotée d'un minois harmonieux aux lignes délicates et d'une pleine conscience de ses charmes, Faustine en impose davantage par sa présence sévère que par ses atouts de séduction.

« Ça m'arrive, bien sûr... Mais on ne fait jamais parler les gens contre leur gré. Forcer l'info, ça veut juste dire aller trouver le bon interlocuteur qui acceptera de se livrer à l'exercice, la bonne porte entrouverte dans laquelle s'engouffrer, les bonnes questions pour creuser un discours. Rien de plus. Les gens restent toujours libres : si on les dérange, ils le font savoir, et s'ils acceptent de collaborer, c'est qu'ils y trouvent eux aussi leur compte. »

Faustine esquisse une moue peu convaincue. Arnaud estime que le temps est venu de bifurquer.

« Et toi, à propos... tu fais quoi ? »

Adèle laisse échapper un ricanement.

« Elle, c'est l'artiste de la famille. »

Faustine lève les yeux au ciel.

« Rien à voir. Je suis chargée de conservation, marmonne-t-elle de mauvaise grâce.

— Ah, dans les musées ? Ça doit être très intéressant, répond Arnaud d'un ton poli. Et ça te plaît ?

— Disons qu'au moins, je risque de ne déranger personne.

— C'est sûr que conservateur du patrimoine, ça doit susciter des réactions moins contrastées, admet Laurence.

— Faut dire que ces derniers temps, les journalistes sont pas vraiment en odeur de sainteté ! »

Jean-Claude passe à Arnaud le plat de courgettes avant d'ajouter :

« De toute façon, vous autres journalistes êtes sans doute une espèce en voie de disparition.

— Jean-Claude ! s'étrangle Laurence. Il plaisante, hein. Mon mari aime bien les blagues un peu provoc'.

— Je ne plaisante pas, Laurence. Tu ne te souviens pas, là, l'autre jour, sur France Inter ? Où ils disaient que les journalistes professionnels ne vont peut-être pas faire long feu ? Y'a qu'à voir la campagne présidentielle ! Internet a littéralement court-circuité la presse, il faut bien le dire.

— Mais n'importe quoi ! s'insurge Adèle. Justement, les médias traditionnels investissent de plus en plus le web... C'est bien la preuve qu'en ligne ou en papier, ils resteront des acteurs indispensables de l'information. Pas vrai Arnaud ?

— C'est vrai que c'est un enjeu vital pour la presse aujourd'hui... Raison pour laquelle, d'ailleurs, j'ai été embauché au Miroir, pour aider à développer l'extension web. Mais il faut avouer que les blogs sont une rude concurrence. En tant que journalistes, on doit plus que jamais affirmer notre plus-value par rapport aux amateurs, montrer notre déontologie et nos compétences professionnelles en matière de fact-checking...

— Absolument ! appuie Adèle avec vigueur. Des blogueurs amateurs ne pourront jamais remplacer les vrais journalistes. Livrer des infos *véridiques*, et pas des carabistouilles déguisées en faits irréfutables, c'est un métier.

— Et qui décide, mon chou, ce qui est ou non une info véridique ? »

Un silence ponctue la question de Faustine, à peine rompu par quelques tintements de fourchettes.

Arnaud s'absorbe dans son filet mignon, Laurence leur ressert de l'eau minérale avec empressement, Jean-Claude se gratte la tempe gauche. Et Adèle, après avoir planté dans sa viande un coup de couteau particulièrement agressif, finit par persifler :

« Ah ben on y est, voilà que l'autre vient animer le débat avec sa philosophie, maintenant... »

Juste avant que Laurence, tenant le plat à bout de bras, ne demande à la cantonade si quelqu'un, par hasard, voudrait reprendre un peu de salade.

4

1er JUILLET 2007

« J'en étais sûre, mes parents t'ont a-do-ré ! »

Adèle laisse tomber son sac dans l'entrée, accroche sa veste à la patère. La lumière de fin de journée éclaire l'appartement, coquet deux-pièces doté d'un petit balcon surplombant la rue des Martyrs. Sa locataire l'a décoré avec soin, en digne progéniture de Laurence Carle, adepte des matériaux naturels, meubles en bois brut, rideaux de lin et tapis ethniques.

Arnaud apprécie le confort de cet intérieur bichonné, si différent de son studio de Convention au mobilier rudimentaire, où l'intégrale de Joseph Kessel fait office de table basse, accueillant aussi bien sa pile de papiers administratifs que ses repas de nouilles trop cuites mangées à même la casserole. Un peu honteux de ce bouge d'étudiant attardé, il a fait en sorte qu'Adèle y mette les pieds le moins possible. Lorsque celle-ci a finalement insisté pour se faire inviter, il a passé la soirée à prier le seigneur pour qu'elle ne s'avise pas de regarder sous le lit, où il avait, dans la précipitation, fourré la décharge de livres, journaux et magazines qui jonchaient le parquet. Adèle s'est contentée de faire remarquer que ce studio ressemblait à une cellule de moine, ce qui convenait à un reporter habitué aux conditions spartiates des enquêtes de terrain.

« En tout cas, ils sont vraiment sympas, tes parents. »

Il le pense sincèrement. Adèle hausse les épaules ; pour elle, rien d'extraordinaire. C'est juste ses parents, quoi. Elle n'a pas encore eu l'occasion de pouvoir établir une comparaison avec ceux d'Arnaud, deux individus auxquels l'adjectif *sympa* n'est sans doute pas le plus approprié.

Depuis plus de six mois qu'Adèle et lui ont entamé leur relation, Arnaud repousse avec anxiété le moment de l'inévitable présentation aux géniteurs. Il craint les crispations de mâchoire, une brève remarque pernicieuse glissée au détour d'un couloir, cette politesse glacée qui chez eux tient lieu de désapprobation. Tout en sachant qu'avec un profil comme celui d'Adèle, le risque reste heureusement limité : une juriste – avocate d'affaires qui plus est – devrait pouvoir passer sans trop de problèmes. Mais on ne sait jamais, les critères d'appréciation d'Anne et Jean Daguerre restant en partie impénétrables. Et il appréhende l'instant où Adèle, n'y tenant plus, lui adressera un ultimatum.

« Ils ont été sympas avec toi, mais c'est parce qu'ils t'aiment bien, justement !

— Ta sœur, par contre, pas l'impression qu'elle m'ait *adoré...* »

Il a lancé cette remarque sur un ton léger. Adèle émet un petit rire.

« Elle n'aime personne, t'inquiète. Même pas elle-même, d'ailleurs. »

Elle arrache d'un geste sec un fil dépassant du coussin à motifs d'inspiration aztèque, avant d'ajouter :

« Elle a toujours été jalouse, de toute façon. Aigrie. Alors tous mes mecs, par principe, elle les déteste. »

Elle lui en avait parlé dès leur premier rendez-vous, de cette sœur aigrie qui la jalouse depuis sa naissance. Lui, de son côté, avait évoqué sa jeunesse d'enfant unique, en sandwich entre deux parents mariés à leur travail – la magistrature pour l'une, la Cour des comptes pour l'autre. Ah, tu dois être autocentré, alors, si t'es enfant unique, avait piqué Adèle. Moi j'ai dû me battre dès le début pour me faire ma place, ça forge le caractère.

Et c'est vrai que c'est une battante, Adèle. L'esprit de compétition chevillé au corps, le besoin fébrile d'en mettre plein la vue, à tout le monde, tout le temps. C'est ce qui l'a touché et, pour tout dire, un peu impressionné, lorsqu'il l'a rencontrée pour la première fois, qu'il l'a vue se détacher du groupe pour venir le draguer sans vergogne, pendant cette soirée de sciences-pistes légèrement mortifère à laquelle il s'était rendu avec un enthousiasme mou. Plus tard, c'est encore elle qui a pris les devants, lui a proposé un resto, un ciné, une expo.

Très vite, ils se sont découvert une passion commune pour la marche du monde, pour les grands événements qui rythment le roman infini de l'actualité. Lors de ce fameux premier rendez-vous, dans le bar à tapas choisi par Adèle, entre deux bouchées de salade de poulpe, Arnaud a ainsi raconté l'avidité avec laquelle, dès qu'il a pu déchiffrer le langage mystérieux des lettres, il boulottait tous les journaux qui traînaient chez les Daguerre : Le Monde et Le Figaro, L'Express et La Croix – et puis Le Miroir, bien sûr. Ce fut d'ailleurs, pendant longtemps, la seule lecture autorisée par la législation parentale. Un peu plus tôt, Arnaud s'était pris d'une fascination dévorante pour Jules Verne, découvert à la bibliothèque de l'école ; il y consacrait tout son temps libre, passait ses soirées, ses week-ends, et ses journées mêmes, à voguer en montgolfière au-dessus des savanes africaines, à traverser l'Atlantique sur une cité flottante et à plonger dans les tréfonds de la vie sous-marine. De Jules Verne, il dériva tout naturellement vers Tintin et Corto Maltese, dont il empruntait les albums par paquets de cinq, les engloutissant avec la même frénésie. Ce qui n'était pas vraiment du goût d'Anne et Jean Daguerre, peu ravis de voir leur fils s'adonner avec tant d'ardeur à des activités aussi stériles. Jules Verne, de la « littérature », passe encore ; mais Corto Maltese, Tintin, Blake et Mortimer, de la vulgaire *bédé*... Monsieur Daguerre, en particulier, nourrissait la ferme conviction que ces lectures, à trop forte dose, ne pouvaient avoir chez son rejeton qu'un effet délétère, en l'éloignant du monde réel et encourageant son penchant déjà prononcé pour la rêvasserie. De fait, le comportement dudit rejeton lui donnait plutôt raison : Arnaud s'abîmait dans des rêveries sans fond, se montrait distrait, absent, aussi bien à l'école qu'à la maison, flottait dans des contrées immatérielles aux odeurs capiteuses et couleurs chatoyantes où il vivait, lui aussi, d'héroïques et trépidantes aventures. Les parents vigilants eurent donc tôt fait de mettre le holà, finissant par interdire toute immersion dans ces univers auxquels leur progéniture semblait développer une inquiétante addiction.

Arnaud, en enfant docile qu'il était, digéra la violence du sevrage en reportant son attention sur les seuls mondes de mots et d'images qui lui étaient désormais autorisés : ces liasses de feuilles grandes comme sa serviette de bain, qu'il voyait son père et sa mère parcourir tous les matins d'un air grave et absorbé. Et ses voyages extraordinaires, dès lors, il ne les fit plus vingt mille lieues sous les mers, mais là, dans ces pages de journal à la froide exactitude factuelle. Son imaginaire voguait sur des noms exotiques, Afghanistan, Haut-Karabagh, perestroïka, ses aventures étaient peuplées de nouveaux personnages loufoques et truculents, Lech Walesa et sa moustache de Gaulois, Gorbatchev et sa tache sur le haut du crâne comme si le soleil avait goutté sur sa tête, Reagan avec sa guerre des étoiles et son sourire de pub Freedent. Ses parents, cette fois, ne voyaient pas d'un mauvais œil la nouvelle passion de leur fils, et le laissaient éplucher à loisir toute la presse à laquelle ils étaient abonnés – estimant qu'au moins, ça lui apprenait la réalité du monde. Cette réalité, Arnaud l'engloutissait aussi intensément que celle créée par Hergé ou Hugo Pratt. Il vécut dans la liesse et l'exaltation la chute du mur de Berlin et le démantèlement du rideau de fer ; suivit, la peur au ventre, l'interminable feuilleton du conflit yougoslave, les multiples rebondissements de la guerre du Golfe, l'horreur éclair du génocide rwandais ; et puis tout le reste, tout cet entrelacement de petites et grandes histoires relatées dans les reportages-fleuves et les entrefilets serrés des pages de périodiques, tout ça il le vécut aussi, l'absorba, en fit des cauchemars et des insomnies, en nourrit ses rêves et en remplit jusqu'à la lie sa plate existence de gamin ordinaire.

Adèle l'a écouté raconter, les yeux brillants, cette vie à l'odeur de papier journal, et narrer avec animation le roman de deux décennies entières d'actualité internationale. Elle comprenait, a-t-elle alors enchaîné, oh oui, elle ne comprenait que trop bien cette ouverture au monde et à ses tragédies, elle qui, à huit ans, voulait sauver les baleines en Antarctique, à douze, juger les crimes de guerre et, à seize, baptisait son hamster noir Erika, en mémoire des côtes bretonnes ensevelies sous les hydrocarbures après le naufrage du pétrolier éponyme. Elle tenait d'ailleurs à préciser que sa fougue idéaliste, avec l'âge, ne s'était pas tarie : elle s'était simplement conjuguée à un impératif de réalisme qui l'avait, *in fine*, conduite à porter ses ambitions vers une carrière lucrative lui permettant, en parallèle, d'investir généreusement dans des causes environnementales et humanitaires essentielles au devenir de la planète.

Elle picorait dans son assiette et parlait avec un débit de mitraillette, tandis qu'Arnaud la regardait triturer sans arrêt, dans ce qui semblait être un mélange de tactique de séduction et de tic irrépressible, ses longs cheveux blonds, les ébouriffer, enrouler une mèche autour du doigt et en glisser une autre derrière l'oreille, scrutant par des coups d'œil furtifs l'effet de ses charmes sur son compagnon ; et ce ballet nerveux, ce désir trop ostensible de plaire, cette fausse assurance affichée le touchaient. Tout comme l'audace calculée qu'elle déployait dans la manœuvre.

Sans le vouloir, il enviait cette audace, et puis aussi l'enfance d'Adèle, ses étés nomades qui, disait-elle, avaient largement contribué à sa prise de conscience humanitaire et environnementale, tous ces voyages en famille dont elle lui a fait, au dessert, le récit détaillé : Afrique, Asie du Sud-Est, Amérique du Nord, autant d'endroits que seul l'esprit d'Arnaud avait eu le privilège de parcourir. Chez les Daguerre, les vacances se résumaient aux séjours linguistiques en Angleterre et aux longues semaines passées, en compagnie des grands-parents et de cousins bien plus âgés, dans les propriétés familiales à Arcachon, à Dinard et au cœur de la campagne bourguignonne. Une absence d'exotisme qu'Arnaud compensait, comme à son habitude, en rêvant dans les journaux (Dieu merci, les aïeux étaient eux aussi abonnés au Miroir et au Figaro).

Pendant longtemps, il s'est contenté de ces rêveries douillettes. Mais à son vingt et unième anniversaire, dans un élan de hardiesse, il décida de les concrétiser. Arnaud venait alors de quitter Sciences Po et le cocon parisien pour emménager à Lille, dont il intégrait la prestigieuse école de journalisme. Enhardi par cette soudaine poussée d'autonomie, il planifia un périple en solitaire dans les Balkans ; il acheta les billets d'avion, programma minutieusement chaque étape du voyage, l'hébergement, les lieux à visiter, les plats locaux à goûter, les trajets en bus inter et intra-nationaux. Ses parents froncèrent les sourcils, les Balkans, c'est quand même un peu *spécial,* tu es sûr qu'il n'y a pas de problèmes de sécurité là-bas ? Après tout, c'était encore la guerre il y a quelques années à peine, la région entière est une poudrière qui ne demande qu'à exploser de nouveau. Arnaud défendit son projet avec une vigueur jusqu'alors inégalée ; il assumait les risques et savait très bien à quoi s'en tenir, merci, son objectif était justement d'étudier comment la contrée parvenait à s'ouvrir au capitalisme et à se reconstruire après des années de conflit, un futur journaliste se devait d'aller voir ça de ses propres yeux. Le jour J, il prit son sac à dos et se rendit à l'aéroport, frétillant de se sentir l'égale de ses idoles. Il se voyait déjà en Nicolas Bouvier du XXIe siècle, parcourant la Bosnie pour en livrer un témoignage saisissant, se délectait à l'avance des péripéties qu'il pourrait raconter à son retour ; et, tout à son excitation, mit un certain temps à réaliser que son vol ne figurait pas sur le tableau d'affichage.

La raison, d'une atroce limpidité, le plongea dans une mortification sans nom. Et il en fut réduit à rentrer, la queue entre les jambes, dans son appartement lillois où il s'enferma pour le reste de l'été, inventant les stratagèmes les plus sophistiqués pour que personne ne s'aperçoive qu'en fait de Sarajevo, c'est entre les quatre murs de son studio qu'il avait passé toutes ses vacances. Car comment dire, à ceux auxquels il avait annoncé en grande pompe son expédition, cette vérité si extraordinairement minable, comment avouer qu'il avait raté son vol en se trompant de jour, que l'avion qu'il était censé prendre ne l'avait pas attendu pour décoller la veille, et qu'il s'était donc retrouvé là, planté comme un con, la bourse vide et l'orgueil à vingt mille lieues sous les mers ?

Alors, pendant trois semaines, une fois de plus, il fit ce qu'il savait faire. Il voyagea par la pensée, relut Nicolas Bouvier et le Guide du routard, reprit le programme détaillé de son périple et le vécut, yeux fermés, allongé dans son lit, touchant du doigt les impacts de balle sur les murs des maisons de Mostar, voyant surgir le bleu de l'Adriatique derrière la blondeur des remparts de Dubrovnik, entendant et répétant ces mots étrangers qui roulaient sur la langue, *dobar dan, dobra večer, hvala, nazdravlje, do viđenja*, sentant glisser sur son palais la caresse rude et chaude de la *rakiya*. À la fin de l'été, lorsqu'on lui demanda comment ça s'était passé, il raconta les vieux bus brinquebalant sur les routes de montagne tortueuses, le goût des *bureks* aux épinards, la gentillesse bourrue des habitants et leur nostalgie du communisme, les stigmates du conflit, partout, sur les murs et dans les âmes, les gamins aux T-shirts délavés jouant à la guerre au milieu des barres HLM de la banlieue de Belgrade. Un périple si intense qu'il n'avait, d'ailleurs, pas eu le temps d'envoyer la moindre carte postale et en était navré, mais il se rattraperait la prochaine fois, promis.

Et quatre ans plus tard, dans ce bar à tapas huppé de Saint-Germain-des-Prés, c'est ce récit bien rodé qu'Arnaud avait ressorti à Adèle l'interrogeant sur son « voyage le plus marquant ». Adèle avait bu ses paroles, s'extasiant sur ses anecdotes et approuvant le fait qu'il ait réalisé ce périple en solo, ce qui témoignait d'un tempérament aventurier tout à fait appréciable. Il avait senti qu'il marquait des points, que cette aura de baroudeur, à l'instar de sa profession de journaliste, serait déterminante dans son adoubement auprès d'Adèle Carle.

La suite allait lui donner raison. Et aujourd'hui, plus que jamais, Arnaud ressent le poids de ce récit d'épopée solitaire dans l'image qu'Adèle et ses proches se sont forgée de lui. Au déjeuner chez les Carle, tout à l'heure, la chose a inévitablement ressurgi ; on l'a prié de raconter l'histoire de ce fameux voyage haut en couleur, et il s'est prêté au jeu avec complaisance.

Mais à présent, un malaise sourd gronde dans ses entrailles. Ce fameux malaise qui accompagne sa vie, musique de fond dont la ritournelle acide et obsédante refait surface à intervalles réguliers, avant de repartir pour rester en arrière-plan, comme une vibration désagréable et permanente.

Le sentiment que, peut-être, il aurait mieux fait de fermer sa gueule, dès le début.

5

9 JANVIER 2010

La pluie, incessante, dégouline le long des vitres. En face, des immeubles de béton grisâtre, aux larges balcons sur les façades mal éclairées. En bas, sous les câbles électriques emberlificotés, des trottoirs défoncés parsemés de flaques entre deux touffes de mauvaises herbes. Au coin, une épicerie dont les stores orange ont disparu dans l'obscurité. Arnaud y a flâné de nombreuses fois depuis son arrivée, tripotant les paquets de biscuits secs et de feuilles de vigne en saumure, s'ébahissant silencieusement devant les multiples variétés de feta et la présence de Canard WC. L'épicier, quinquagénaire trapu à l'œil vif et aux traits épais, ne lui a d'abord prêté aucune attention. Puis, le voyant revenir jour après jour, absorbé par la contemplation de ses modestes étals – pour ne finalement repartir qu'avec une tablette de chocolat ou un sachet de graines de tournesol –, il a fini par poser sur cet étrange et lunaire touriste français un regard intrigué. Et hier, au bout de cinq jours, alors qu'Arnaud passait à la caisse, le commerçant lui a demandé, dans un anglais aussi souriant qu'approximatif, s'il habitait le quartier et serait (à tout hasard) intéressé par sa promo exceptionnelle sur le Canard WC.

Arnaud a senti son cœur bondir dans sa poitrine. Il attendait ça depuis le début de la semaine. C'était maintenant ou jamais. Il a expliqué : il était journaliste, logeait à l'hôtel d'en face, était envoyé spécial à Athènes afin de réaliser un reportage consacré à l'impact de la crise financière sur les habitants. L'homme a immédiatement réagi, et ils sont restés une heure à discuter au fond de la petite boutique, dans un sabir anglo-franco-grec souvent laborieux. C'est qu'il en avait des choses à dire, Christo l'épicier, sur la crise économique.

Le froid s'engouffre dans la chambre à travers les minces vitres de la porte-fenêtre. Nuit d'hiver à Athènes, trois degrés dehors. De quoi battre en brèche l'image d'Épinal de la Grèce noyée sous le soleil au milieu des chauds effluves de la garrigue méditerranéenne. En fait de soleil, depuis qu'Arnaud est arrivé ici, il n'a presque pas arrêté de pleuvoir. Une pluie drue, pénétrante, qui entraîne avec elle, dans les caniveaux où elle s'écoule, le mythe glorieux de l'Athènes antique. Ainsi lavée, la capitale grecque est apparue à Arnaud dans toute sa nudité grise et bétonnée, une ville ordinaire, chaotique et sans charme, rendue morose par les difficultés économiques. L'Acropole même a triste mine. Alors que les feux des projecteurs sont braqués sur elle, Athènes semble vouloir fuir la lumière, se replier dans l'ombre, consciente que toute l'Europe la scrute avec angoisse depuis plusieurs mois, attendant de savoir si la crise grecque sera bel et bien ce qu'on redoute : l'amorce de l'engrenage fatal, le grain de sable qui grippe toute la machine. Et sous la gouaille des commerçants, l'animation des marchés et les pétarades des scooters, l'anxiété affleure, épaisse, palpable. Arnaud l'a absorbée, cette anxiété, lors de ses longues déambulations – des heures à battre le pavé et à s'immerger dans l'ambiance du lieu, à observer les passants affairés en tentant de lire leur vie sur leurs traits, dans leur allure et leurs vêtements.

En face, le couple a éteint la salle de séjour et rejoint la chambre, qu'Arnaud distingue avec peine à travers les rideaux. Ils ont dîné, comme tous les soirs, sur la table recouverte d'une nappe en toile cirée, leurs visages éclairés de façon intermittente par les néons bleus de la télévision. Arnaud les a appelés Nikos et Irini, et développé envers eux l'affectueuse familiarité née de la cohabitation quotidienne. Il imagine Nikos employé dans une fabrique de carton, et Irini gérante d'un centre esthétique. Le premier part tôt et rentre tard, pour s'affaler devant le poste de télé qu'il regarde avec un pli soucieux entre les sourcils ; la seconde maquille ses cernes et examine, avec le même pli soucieux, les prix des produits chez l'épicier du coin. Ils aiment la musique latino et les plantes exotiques, et ignorent visiblement qu'un journaliste français, de l'autre côté de la rue, prend des notes sur tous leurs faits et gestes. Arnaud se sent comme un espion de la CIA, ce qui, à vrai dire, ne lui déplaît pas.

Il ferme son carnet, laisse son regard flotter sur la petite chambre un peu miteuse. Pas un palace, assurément. Juste une chambre d'un modeste hôtel proche de la gare centrale, aux murs fleurant l'humidité. Le Miroir, à l'instar de la Grèce, ne roule pas sur l'or en ce moment. La faute à la crise, dit-on. Depuis deux ans, les ventes du magazine ont chuté, autant que l'audience du site internet a décollé. Le numérique restant moins lucratif que le papier, ce développement du *Miroir.fr* n'a hélas eu qu'un impact modéré sur les finances de l'hebdomadaire, lequel s'est donc vu contraint (comme la majeure partie de la presse internationale, précise Philippe qui se veut rassurant) de réduire ses budgets. Mais Arnaud ne songe certainement pas à se plaindre de ne pas loger au Sheraton. Après trois ans de travail circonscrit à l'actualité franco-française, ce séjour athénien lui paraît, plus qu'une aubaine, une véritable promotion. Un moyen pour sa hiérarchie de lui montrer qu'il a fait ses preuves, et peut désormais prétendre gravir les échelons.

En trois ans, Arnaud a pris ses marques au *Miroir.fr*. Il a gagné la sympathie de ses collègues et la confiance de ses supérieurs, a appris à maîtriser le jargon du cyberjournalisme et à manœuvrer au milieu des sempiternelles tensions entre *web* et *print*, a bossé, beaucoup, parcourant inlassablement la France pour des reportages aux petits oignons, livrés avec un timing irréprochable. Toujours sur le fil du rasoir, bien sûr, mais personne ne semble s'en douter.

À chaque article, pourtant, l'angoisse est là, lancinante. À chaque article, Arnaud s'attend à ce que le couperet tombe ; il attend ce moment où on le convoquera, regard glacial, pour pointer du doigt ses inexactitudes, condamner une approximation, une extrapolation, des propos trop librement reformulés, des détails qui ne correspondent pas totalement à la réalité. Mais à chaque fois, à son grand étonnement, ça passe. Passent les yeux marron de cette jeune militante du FN devenus bleus sous la plume d'Arnaud – *le bleu des rois de France, de la Vierge et du drapeau tricolore*. Passent les interviews étirées à partir d'un échange de seulement quelques mots, laconiques verbatims autour desquels il brode, usant de paraphrases et poursuivant l'idée que ses interlocuteurs n'ont fait qu'esquisser. Passe ce vague « type que je connais » devenu, pour la commodité de l'histoire, par un tour de passe-passe généalogique, le frère, l'oncle, le père ou le cousin du protagoniste principal... Passent toutes ces petites entorses à la *réalité* qui sont le sel et le ciment de ses reportages, liant des éléments disparates pour les faire tenir debout dans un bel ensemble : les journalistes comme les lecteurs n'y voient que du feu, et on le félicite même pour ses récits savoureux et si bien menés. Alors, Arnaud a continué. Son talent de brodeur s'est affiné, il y recourt de plus en plus, pousse l'audace toujours un peu plus loin, toujours plus près de cette limite qu'il ne sait où situer.

Mais après avoir parcouru tous les coins de France et de Navarre, l'artisan chevronné a commencé à trépigner. À rester cantonné aux petites nouvelles nationales, Arnaud a l'impression de tourner en rond. Il rêve de plus grand, de ce qui nourrissait son imaginaire d'enfant : passer des frontières, explorer, comme ses idoles avant lui, les contrées bouillonnantes de l'actualité mondiale. Quand la guerre a repris dans la bande de Gaza, il s'est proposé, timidement : est-ce que le *Miroir.fr* n'aurait pas besoin, à tout hasard, d'un envoyé spécial ? Pierre a ouvert de grands yeux. Un envoyé spécial, mon pauvre ami, mais on n'a déjà pas de budget pour remplacer nos ordis, alors va donc négocier avec saint Philippe pour te faire offrir l'aller-retour en canot gonflable...

De fait, Arnaud l'a bien compris, du budget il n'y en a que pour l'illustre « service Société ». L'antre des grands reporters, cette haute caste de *happy few* vénérés – le Graal vers lequel, qu'il l'avoue ou non, lorgne avec envie tout journaliste du

Miroir. Eux seuls ont ce privilège d'arpenter la planète aux frais du journal, pour faire la gloire de ce dernier et poser, le torse bombé, en héritiers d'Albert Londres. Les autres – et a fortiori ceux du *Miroir.fr* – sont condamnés à ne rester qu'une masse de sous-fifres anonymes. On ne peut lutter contre cette hiérarchie implacable, et Arnaud, faute de mieux, a courbé le dos, ravalé son impatience et décuplé ses efforts.

Abnégation payante: quelques mois plus tard, enfin, il décollait vers Athènes avec le noble titre d'envoyé spécial du *Miroir.fr*. Bon certes, il a raté le récit enflammé des tirs de roquette israéliens, et la Grèce c'est un peu moins exotique que Gaza, mais ce voyage revêt pour le magazine une dimension historique: l'extension numérique du Miroir a désormais son propre envoyé spécial. Pierre lui-même n'en revenait pas de cette soudaine montée en grade, et lui a glissé avant son départ, l'œil sévère et le sourcil anxieux: te loupe pas, hein.

Le portable vibre sur le petit bureau en contreplaqué. Adèle. Comme tous les soirs. Le récit d'Arnaud est déjà préparé. Très bonne journée, oui. Nickel chrome. Riche en infos. Il sait qu'elle va lui demander lesquelles, et tous les détails sont prêts, la liste de toutes les questions qu'elle est susceptible de poser, de tous les pièges dans lesquels il risque de tomber au cours de cet interrogatoire inoffensif.

« ...Et du coup, t'as revu ton banquier en péril ? »

Arnaud gratte avec application le contreplaqué du bureau.

« Ouais, ils m'ont encore invité chez eux aujourd'hui... Je viens juste de rentrer. Avec tout ça, c'est bon, je crois que j'ai largement assez de matière. »

Le banquier en péril, c'est le mari de la réceptionniste de l'hôtel. Ex-employé à Alpha Bank, désormais sans travail et au bord de la dépression. Arnaud lui a parlé quelques minutes au téléphone en milieu de semaine. Il ne l'a jamais vu, et encore moins mis les pieds chez lui. Mais ce sont des détails insignifiants qu'Adèle n'a certainement pas besoin de savoir. Pas plus qu'elle n'a besoin de connaître la réalité du déroulement de ses journées.

En arrivant à Athènes, Arnaud s'est dit qu'il avait bien le temps. C'est donc sans se presser qu'il s'est immergé dans ce nouvel environnement, se contentant de flâner sous la pluie, le pas libre et léger. Au matin du troisième jour, une vague de stress se fit toutefois sentir dans ses entrailles, lorsqu'il réalisa qu'il n'avait pas encore le moindre élément concret sous la main. Un bref dialogue avec la réceptionniste sur les affres de la crise, le numéro de son époux extorqué sans effort, quelques mots échangés le soir au téléphone avec ce dernier suffirent momentanément à apaiser la conscience professionnelle d'Arnaud, qui repartit derechef dans ses déambulations rêveuses.

Il savait bien, pourtant, qu'il fallait s'activer, trouver d'autres interlocuteurs, dégainer son dictaphone et sa carte de presse. Mais cette conscience de l'urgence croissante dans laquelle il se trouvait, loin de le galvaniser, le paralysait ; devant lui se dressait une montagne, un Everest de performance journalistique. Adresser la parole à l'hôtesse d'accueil, décrocher son téléphone pour déranger ce banquier qui ne le connaissait ni d'Ève ni d'Adam avait déjà épuisé ses ressources psychiques. Rappeler cet homme lui semblait au-dessus de ses forces, l'idée de réitérer l'exercice avec d'autres inconnus le plongeait dans une angoisse indicible. Non, il allait se débrouiller autrement. Sa méthode à lui était différente, plus *immersive,* et puis quoi ? Dans le fond, elle en valait bien une autre.

Et Arnaud alors arpenta les rues athéniennes avec une intensité décuplée, passa des heures en solitaire dans les cafés, tout entier à sa quête fébrile d'information – un regard, une anecdote, un curieux qui soudain, par miracle, s'aviserait de faire de lui son confident, ou juste quelques rires ou éclats de voix, n'importe quoi, tout pour ne pas avoir à prendre les devants, tout pour ne pas s'exposer à la terrifiante éventualité d'un rejet. Le soir, il réinventait sa journée pour les beaux yeux d'Adèle, insérait des péripéties, des techniques de prise de contact élaborées, des discussions passionnées là où il n'y avait eu qu'un furtif échange de politesses ; et un bref instant, enfin, il se sentait pleinement légitime, il pouvait gonfler le torse et se proclamer reporter, percevoir dans toutes les fibres de son corps la fierté du travail accompli.

Mais le soufflé, bien sûr, finit toujours par retomber, une fois le téléphone raccroché. Et lui revient alors, en boomerang, la douloureuse réalité de ses prouesses de terrain. Car si sa méthode d'enquête passive, dans un ultime sursaut, a finalement porté quelques maigres fruits avec l'épicier Christo, Arnaud sait très bien que ce n'est pas suffisant. Il pensait avoir le temps, mais ce temps, comme d'habitude, lui a glissé entre les doigts – et le voici maintenant, le glorieux journaliste, à la veille de son retour, sans rien d'autre que des miettes, de misérables lambeaux épars et clairsemés. Deux discussions de dix minutes, une d'à peine plus d'une heure, la vie domestique de Nikos et Irini, de vagues observations sur l'ambiance d'Athènes en temps de crise. Basta. Des cacahuètes. Qu'est-ce que, bon sang, il va bien pouvoir faire avec ça ?

Ces derniers jours, il pouvait encore se leurrer. Il gardait la foi, se raccrochait à l'éventualité d'un miracle de dernière minute, une illumination impromptue. Mais le miracle n'a pas eu lieu, et maintenant, sous la lumière blafarde d'une chambre d'hôtel, à quelques heures de son vol pour Paris, Arnaud sent dégouliner sur ses épaules la caresse glacée de l'angoisse. Glacée comme la pluie qui, sans répit, continue de s'abattre sur la nuit athénienne.

6

20 JANVIER 2010

Parfois, Sandrine se dit qu'elle rendrait bien son tablier. Trente ans de *grammar nazisme* et de diplomatie, ça finit par vous user une femme. Le graphisme, passe encore : c'est gratifiant, stimulant. Mais gérer les egos de tout un contingent de journalistes qui s'offusquent dès qu'on veut leur déplacer une virgule… Fatigant, oui. Alors, Sandrine rêve parfois d'ailleurs. Tout plaquer, le secrétariat de rédaction, le Miroir, Paris. Partir en Corrèze, élever des vaches, cultiver un potager. Passer ses journées à traquer les mauvaises herbes plutôt que les coquilles et erreurs factuelles… si seulement…

« Salut Sandrine, je te dérange ? »

Elle lève le nez. Un sourire a bondi sur son visage en entendant cette voix grave et calme, en voyant cette silhouette élancée en jean et chemise de bûcheron qui se tient devant elle.

La déranger? C'est bien le seul qui ne la dérange jamais, justement.

« Juste pour te dire, c'est bon, je viens de t'envoyer le dernier papier. En principe c'est ok pour la première partie, j'ai tout checké, par contre j'avoue que j'ai quelques doutes sur le deuxième paragraphe, l'histoire de la raffinerie et les débuts de la grève, tout ça. Est-ce que ça t'ennuie de vérifier?

— Et pour quoi donc crois-tu que je suis payée, mon petit Arnaud? Bien sûr que je vais vérifier. Mais merci de me mâcher le travail comme d'habitude, en tout cas!

— Merci beaucoup à toi, Sandrine. Vraiment. »

Il sourit, de ce sourire un peu timide qui lui est spécifique.

« Et désolé, faut que je file, on m'attend à la rédac. Merci encore. Ah, et puis joyeux anniversaire à Lucas ce soir! »

Sandrine le regarde s'éloigner d'un pas vif le long du couloir. En voilà un, au moins, qui ne se la raconte pas. Elle a toujours apprécié ce garçon, qui respecte tout le monde d'une façon identique et prend la peine de s'intéresser aux gens. Il a même retenu, pour les quatorze ans de Lucas aujourd'hui... Jérôme lui-même, avec qui elle partage ce foutu bureau huit heures par jour, est incapable de se rappeler du prénom de son fils. Non, rien à dire, c'est une perle, cet Arnaud. Et puis beau mec de surcroît, ce qui ne gâche rien. Elle l'emmènerait bien dans ses valises jusqu'en Corrèze, tiens. Et avec un petit rire rêveur qui laisse Jérôme perplexe, elle se replonge dans la maquette rutilante du Miroir numéro 3432.

« Ah, Arnaud! »

Arnaud a à peine franchi le seuil du bureau que la voix de Pierre retentit derrière son écran.

« Philippe veut te voir. »

Le cœur d'Arnaud se fige dans sa poitrine. Comment ça, il veut le voir ? Il tente de ne pas céder à l'affolement, articule d'une voix qu'il n'espère pas trop blanche :

« À propos de quoi ?

— Il m'a pas dit. »

Impossible de lire la moindre information sur le visage impassible de Pierre. Arnaud ressort avec lenteur, tous ses gestes calculés pour masquer les tambourinements de son cœur qui s'est remis en branle avec la vigueur d'un marteau-piqueur. Tandis que le rédac' chef, depuis son poste, continue de le scruter par-dessus ses lunettes – regard indéchiffrable qu'Arnaud sent encore couler dans son dos même après avoir passé la porte.

Pierre, songeur, attend que la silhouette du jeune homme ait disparu de son champ de vision pour retourner à son écran encombré de dossiers virtuels.

Drôle de garçon. Depuis trois ans qu'il travaille à ses côtés, Pierre ne sait toujours pas quoi en penser. Niveau boulot, rien à redire : le gamin est à la hauteur. Pierre n'était pas ravi de l'admettre – il aurait préféré pouvoir contester, en toute bonne foi et preuves à l'appui, la décision de Philippe. Mais si l'on veut être objectif, force est de constater que le poulain du directeur s'en tire plus qu'honorablement. Devenu le petit chouchou des internautes, il dore le blason du site avec ses reportages enlevés, parvenant toujours, dieu sait comment, à dénicher les bons interlocuteurs, trouver les infos et détails qui font mouche. On a même peine à croire que de ce garçon si sage, presque effacé, puisse jaillir un travail aussi percutant.

C'est peut-être justement là, d'ailleurs, que le bât blesse. Sage. Très sage, trop sage, trop lisse, le gamin. Pierre ne parvient pas à le cerner, les griffes de son opinion glissent sur la surface polie, lustrée, inattaquable du jeune homme. Il le trouve fuyant, sans trop savoir exactement sur quoi repose cette impression – qu'il semble d'ailleurs être le seul à ressentir. Au *Miroir.fr*, Arnaud, de toute évidence, est apprécié à l'unanimité. On aime sa discrétion, sa modestie, sa curiosité. Malgré tout, Pierre reste convaincu que le gamin est moins lisse qu'il n'en a l'air, qu'il y a quelque chose chez lui de pas très net. Il garde cependant pour lui ses réflexions, qui n'ont pas lieu d'interférer avec le boulot. Et puis, inutile d'en faire part à Philippe, aveuglé par l'estime qu'il voue à son poulain.

Pierre se demande bien pour quel motif le directeur a convoqué Arnaud. Il paraissait pensif, le front plissé, le regard absorbé. Pierre sait que Philippe est préoccupé par l'avenir du magazine, dont les finances s'assèchent à mesure que les ventes s'érodent. Dans ce marasme qui engloutit l'ensemble de la presse écrite, le Miroir ne s'en tire pourtant pas trop mal. Il demeure un pilier dans le paysage médiatique français, un gage internissable de sérieux et de qualité pour un lectorat fidèle. Philippe Girard, toutefois, est un ambitieux, qui ne se satisfait pas de limiter les dégâts. Il entend rehausser encore le prestige du célèbre hebdomadaire, le hisser au sommet de la hiérarchie, en faire l'unique référence incontournable du journalisme d'enquête. Là, sans doute, intervient le gamin...

Pierre n'est même pas jaloux de la complicité qu'entretient son propre subalterne avec le big boss. De Philippe, lui s'est toujours placé à distance respectable. Ce n'est pas une affaire personnelle ; ils jouent simplement sur des tableaux différents. Pierre Novak était à l'Économie quand Girard officiait au service Société : deux mondes, deux écoles. Chiffres froids contre Grand Reportage à sang chaud. Pierre sait qu'aux yeux de Philippe, il reste et restera toujours un geek insignifiant, modeste ouvrier sans talent, tout juste bon à collecter et restituer des données – en somme, ce qu'un programme informatique saura réaliser mieux que n'importe quel humain d'ici moins de dix ans. Pierre l'accepte et n'en conçoit pas d'amertume particulière. Si des machines doivent, à terme, se substituer aux journalistes de son acabit, alors soit. Mais Philippe Girard, lui, défend une conception bien plus noble – disons-le: bien plus ronflante – de sa chère profession. L'apanage du bon journaliste girardien: du souffle, du lyrisme, de la vie. De l'imagination. De l'imagination? A-t-on besoin d'imagination pour être un brillant reporter? Pierre ne sait pas. Il sait, en revanche, que lui n'en a pas, d'imagination, du moins pas assez pour qu'un type comme Philippe accorde à son travail une réelle estime. Et peu importe. Pierre a une conscience suffisamment précise – non pas haute: précise – de sa propre valeur pour se dispenser de l'approbation de son supérieur. Pas comme le gamin, lui qui semble, à en juger par son regard anxieux à chaque remise d'article, ne jamais vraiment savoir ce qu'il vaut.

Mais ça, ce ne sont pas les oignons de Pierre Novak – tes oignons à toi, Pierre, c'est une home page à actualiser, cinq articles à valider et un planning éditorial à boucler.

La moquette grise étouffe le bruit des chaussures, pas celui des cœurs qui cavalcadent. Sol sombre, murs blancs. Collègues qui le saluent en passant. Il leur rend leur sourire, toujours poli, affable. Respire, Arnaud. Aie l'air calme. Relax. Comme d'habitude. L'attitude sereine de celui à qui l'on ne peut rien reprocher.

La porte de l'ascenseur s'ouvre dans un tintement. Il est

soulagé de ne voir personne dans la cabine, rien que son propre reflet qu'il ne peut s'empêcher de scruter, comme à chaque fois. Sa gueule d'ange, dit-on. On lui donnerait le bon Dieu sans confession, à ce cher Arnaud Daguerre. S'ils savaient... mais ils ne sauront pas, non, jamais.

Philippe, pourtant, peut-il savoir? Arnaud passe mentalement en revue, une nouvelle fois, le texte rendu en début de semaine. Pas moins de cinq feuillets pour narrer une minuscule et insignifiante poignée de péripéties athéniennes: challenge de haute voltige. Qu'il croit, *in fine*, avoir relevé de façon à peu près convenable – mais peut-être se fourre-t-il le doigt dans l'œil?

Certes, il a fallu diluer, allonger, plus que jamais. Son maigre matériau initial, il l'a trituré, malaxé, modelé et remodelé; il l'a coloré jusqu'à la racine, étiré jusqu'à la rupture, déformé jusqu'à la dissolution. Brisures de réel si légères, si fragiles, si dérisoires, qu'entre les mains d'Arnaud elles ont fini par se désagréger. Et malgré tout on les retrouve, en filigrane, vides incrustés dans l'épaisseur du papier, un frêle dessin qui se laisse deviner sous les couches de récit, comme pour, de son empreinte discrète, en garantir l'authenticité. Il pensait les avoir perdues au cours de ses manipulations effrénées et pourtant elles sont là, il s'en est rendu compte en se relisant, elles sont là et il se raccroche à elles, ces brisures de réel, ces fils décharnés à partir desquels il a tissé son histoire.

Son histoire, celle d'un immeuble d'Athènes, bâtisse ordinaire des années soixante-dix qui accueille, à sa modeste échelle, les déboires de la société grecque. Au dernier étage: un banquier en péril. En dessous: une employée d'hôtel, et puis Nikos et Irini. Au rez-de-chaussée Christo l'épicier, au sous-sol une famille d'immigrés albanais. Cinq étages pour cinq strates sociales, autant de façons de vivre la crise, la ressentir dans ses tripes, dans son assiette, son compte en banque et ses projets d'avenir, autant de façons de la penser, de la percevoir et d'en parler. Cette fameuse crise qui, du haut jusqu'en bas de l'échelle, dégouline sur l'immeuble aux stores orange comme la pluie sur Athènes, et qui bientôt inondera sans doute aussi, de toute sa puissance liquide, le reste de l'Europe.

Arnaud est assez fier de sa composition. Belle idée, l'immeuble, il faut l'avouer, une image solide, éloquente, offrant au récit un cadre et un fil rouge. Dans cet immeuble vivant et vibrant, les mots d'Arnaud font se croiser, dans la même cage d'escalier, toutes les têtes qui peuplent son carnet. Alors oui, on peut objecter qu'entre ledit carnet et le reportage final, la route n'est pas vraiment linéaire, il y a eu rajouts, transformation, distorsion, création. Et pourtant ils sont là, les éclats de réel, en dépit des apparences. Nichés dans les mots du banquier, dans les cernes d'Irini et ses physalis en pot, glissés au milieu des produits du magasin de Christo, cachés dans les yeux des passants, blottis dans les intonations un peu chuintantes, étrangères au staccato grec, de cet homme à la peau burinée, au jean élimé, qu'Arnaud croisait tôt le matin quand il sortait du sous-sol de l'immeuble d'en face.

Arnaud se rassure, il veut croire que ça suffit, qu'il a fait le boulot correctement – restituer la réalité, livrer de l'info, *donner à voir,* comme serinaient tous les profs à l'École. Il se rassure et cependant la peur lui ronge le ventre, il a conscience de n'être jamais allé aussi loin, de ne jamais avoir autant déployé ses tristes compétences de maquilleur, encore un pied plus près du gouffre. Et là, dans le miroir de l'ascenseur, il voit Irini (ou peut-être, en fait, s'appelle-t-elle Anna, ou Eleni, ou Danae ?), ou Christo, ou le banquier en péril saisir leur combiné pour appeler la rédaction, courroucés, et il voit, pire encore, le regard de Philippe, sa déception, la chute qui s'ensuit, la vérité dévoilée ; il voit tout ça passer dans son œil brun, au fond de sa prunelle, dans son visage blafard sous les néons de l'ascenseur, avant qu'un nouveau tintement ne l'arrache à son propre reflet pour le propulser dans les couloirs feutrés du septième étage.

« Ah, Arnaud ! Entre. »

Philippe l'accueille d'un sourire. Arnaud tente d'y déceler quelques indices sur le sort qui l'attend, ne détecte rien de notable. Rien qu'une chaleur un peu distraite, le regard et les gestes vifs du Philippe habituel. Mais peut-on vraiment s'y fier ? Il s'assied, ses mains moites crissent sur le faux cuir du siège. Un siècle passe. Le boss, front plissé, griffonne sur un papier. Préparant, Arnaud en est désormais certain, le speech solennel qu'il va bientôt tenir à celui en qui il plaçait ses espoirs. La sentence fatale qui, dans quelques minutes, brisera net sa trajectoire.

« Café ? »

Dans un sursaut de vivacité brusque, Philippe a relevé la tête, désarçonnant son invité.

« C'est du moka d'Éthiopie, un des meilleurs du monde, pas question de crever sans avoir goûté ça. »

Sourire elliptique. Le destin d'Arnaud est-il de mourir en buvant du moka éthiopien ?

« Euh d'accord, je veux bien, merci beaucoup... »

L'odeur du café remplit la pièce, la machine gargouille, et, par-dessus, la voix de Philippe, rêveuse :

« Ah, l'Éthiopie... Mon tout premier reportage, tu savais ça, Arnaud ? »

Les entrailles d'Arnaud se tordent dans un spasme. Il voit maintenant où il veut en venir, le boss, avec sa foutue décoction africaine. J'y suis allé, moi, Arnaud, en Éthiopie, mes pieds ont foulé cette terre desséchée, mes yeux ont vu ce peuple, tous ces gens à qui j'ai parlé, dont j'ai recueilli les mots comme de précieuses gouttes d'eau au fond d'une cruche, j'en suis revenu presque éthiopien moi-même, tant d'aventures là-bas, tant de belles rencontres et d'amitiés forgées… Mais toi Arnaud, toi ? Tes semelles ont connu le sol de Grèce, et pour le reste ? Qu'as-tu fait de tout ce temps, qu'as-tu fait de ma confiance, de toutes ces rencontres potentielles, de toutes ces personnes qui ne demandaient qu'à t'informer et que, dans ta paresse, dans ta lâcheté, tu as si stupidement loupées ?

« La Terreur rouge. Fin des années soixante-dix. J'avais vingt ans, j'étais terrifié. Et puis, sur place, ça a été l'exaltation. Un de mes plus beaux souvenirs de reportage. J'ai su à cet instant que ma place était là. »

Il revient en portant de délicates tasses de café entre ses mains robustes. Il y a dans ces mains, comme dans le reste du corps de Philippe, une puissance contenue qui a toujours impressionné Arnaud. Il l'imagine à vingt ans, arpentant de son pas rapide la vallée du grand rift, avec, déjà, ses sourcils touffus, son œil perçant, sa voix grave, et de nouveau fond sur lui l'admiration douloureuse qu'il ressent pour cet homme.

« Mais ce n'est pas donné à tout le monde. Il faut avoir la fibre. La soif de bouger et d'aller voir, oui, mais aussi celle de raconter, de transformer la matière en récit. C'est ça le plus important, Arnaud. »

La gorge d'Arnaud a achevé de se verrouiller. Le café ne

passe pas. Philippe, lui, avale le sien d'un trait, avant d'en savourer les dernières gouttes dans un silence absorbé.

« Enfin, ça, tu le sais déjà... Je voulais te dire : très bien, ton papier sur Athènes. Vraiment très bien.

— Vraiment ? »

Le son est sorti, étranglé, incrédule.

Philippe sourit. Il voit dans la stupéfaction d'Arnaud son propre reflet, rajeuni, une version à peine modifiée de ses doutes juvéniles. Il voit le Philippe de vingt ans, celui qu'on disait trop réservé pour devenir un journaliste digne de ce nom ; celui qui, pourtant, s'est découvert dans l'action une audace insoupçonnée. Belle plume plutôt que beau parleur, depuis longtemps il a choisi son camp. Et dans le visage du jeune homme assis devant lui, il voit se dessiner le sillon qu'il a lui-même tracé, l'amour des mots, le sens du portrait, une pincée de lyrisme, la quête fébrile d'une vérité que seul le terrain peut livrer.

« Vraiment. Il fallait l'avoir, cette idée de ne se concentrer que sur un seul immeuble – et, puis surtout, de trouver le *bon* immeuble, les bonnes personnes, et de tirer de tout ça la substantifique moelle... La voilà, la fibre du reporter. »

Il caresse du doigt le rebord de la tasse, d'un mouvement machinal et circulaire. Tour du monde miniature du bout de l'épiderme. Arnaud suit ce doigt du regard, figé dans l'expectative.

« Mais je ne t'ai pas fait venir juste pour des compliments. Une proposition, Arnaud. Ça fait un petit bout de temps que j'y pense, tu vois... Avec tes reportages, on a enfin donné au *Miroir.fr* l'envergure que je cherchais. Maintenant, l'enjeu va être d'apporter au magazine la modernité d'internet. Le dépoussiérer un peu, quoi, tout en gardant bien sûr cette exigence dans l'écriture et l'investigation, qui est notre marque de fabrique. Décloisonner le web et le papier, voilà ce dont le Miroir a besoin. »

D'un geste bref, il repose la tasse sur le bureau.

« Et le service Société a besoin d'un grand reporter comme toi. »

7

12 MARS 2010

Alcool, fumée, éclats de voix, bribes de musique. Ils sont une quinzaine dans le petit appartement encombré. Adèle, en arrivant, n'a pas pu s'empêcher de le faire remarquer, eh ben y'en a du monde là-dedans, je savais pas que Faustine avait autant d'amis… Arnaud n'a pas relevé. Dans l'éternelle guerre froide qui oppose les deux sœurs Carle, il revendique sa posture de tiers-monde. D'autant qu'il ne tient pas spécialement à se mettre Faustine à dos – et encore moins en ce jour historique où elle a consenti à les inviter tous les deux à sa soirée d'anniversaire. Obtenir une once de sa sympathie a été une opération de longue haleine, il ne voudrait pas tout gâcher à cause de quelques saillies perfides. Certes, alimenter les médisances d'Adèle en l'absence de leur victime ne prête pas, *a priori*, à conséquence ; mais dans le cas de Faustine, Arnaud entretient la croyance tenace selon laquelle toute forme d'hypocrisie serait immédiatement percée à jour, et il préfère ne prendre aucun risque.

La maîtresse des lieux, occupée à fumer sur le microscopique balcon, s'est contentée de leur adresser un vague signe de main et un demi-sourire de bienvenue depuis l'autre bout de la pièce. Arnaud a à peine eu le temps d'embrasser du regard ce groupe d'inconnus qu'Adèle, sociabilité en étendard, partait déjà à la conquête de l'assemblée. Il l'a talonnée, tant bien que mal, suivant péniblement son rythme, ébahi comme toujours par sa saisissante et parfois gênante faculté à foncer dans le tas, à se présenter sans qu'on l'y invite et à faire irruption dans les conversations pour y apporter un grain de sel dénué de la moindre vergogne. Lui n'a pas cette aisance, même si, avec les années, il a appris à faire illusion, à se donner l'apparence d'un être courtois et décontracté. Loin est le temps où il passait ses récréations prostré au fond de la cour, attendant qu'une âme charitable vienne lui adresser la parole, tétanisé à l'idée de faire le premier pas dans les eaux troubles des relations humaines. Mais Arnaud sait, à son grand dam, qu'avec tous les efforts du monde il ne sera jamais comme il rêverait d'être, comme Léonard, comme Adèle, comme son idole Kessel, un frondeur, un de ces personnages volubiles et tumultueux qui imposent leur présence partout où ils mettent le pied.

Il laisse son regard flotter à travers la pièce, achève son verre cul sec. Adèle a trouvé, en un couple d'urbanistes, d'acceptables partenaires d'indignation et s'est lancée dans une diatribe enflammée sur la fonte du permafrost et l'incurie des gouvernements, accueillie par des regards graves et concernés, froncements de sourcils et vigoureuses mimiques d'approbation. Lassé, Arnaud s'excuse d'un sourire et prend congé de cette réunion au sommet du nouveau G3 de l'environnement, pour se frayer un passage vers le buffet. Il y déniche une bouteille de chardonnay et remplit son verre, pour la cinquième fois – ou bien la sixième ? Il ne sait plus très bien, à vrai dire.

Il reporte son attention sur les convives, et une nouvelle vague d'anxiété crispe ses doigts autour du verre. Devant ses yeux, un champ de bataille de petites troupes closes absorbées par des discussions animées ; et puis lui, Arnaud, coincé entre la table, le mur et la bibliothèque, seul comme un con avec son chardonnay. Il le savait, que c'était risqué, qu'il aurait dû rester là-bas, tranquille, protégé par le cocon du groupe, à rêvasser sur fond de trou dans la couche d'ozone. Maintenant il ne sait plus trop comment rejoindre le baroud ; il sait simplement qu'il doit avoir l'air occupé, occupé et satisfait, l'air de quelqu'un qui n'est pas du tout en train d'attendre désespérément qu'on le tire d'affaire en lui adressant la parole, non, pas du tout, il s'est juste octroyé une pause boisson librement consentie et contemple maintenant la bibliothèque de Faustine avec un intérêt méticuleux. Quoi de plus naturel, Arnaud Daguerre est un homme de lettres après tout.

Faustine tire une dernière taffe avant d'écraser sa cigarette dans le cendrier. Elle rechigne à quitter le balcon, poste d'observation privilégié. Elle ne ressent pas, n'a jamais ressenti ce besoin d'être au centre de la scène – pas même le jour de son anniversaire. Au contraire d'Adèle qui pérore toujours devant Judith et Théo, bon Dieu les pauvres, sur lequel de ses nouveaux chevaux de bataille elle a bien pu les brancher, la loi de réforme des collectivités territoriales, la famine chez les Mandingues du sud-Sahel, la protection des singes anthropoïdes du Mato Grosso oriental ? Rien qui passionne son mec, en tout cas. Faustine a vu Arnaud s'éloigner, se resservir une rasade de blanc puis hésiter, son verre à la main et l'air un peu pataud, pour finalement s'absorber dans la contemplation de la bibliothèque.

Ce garçon l'amuse, bien malgré lui. Elle le trouve de plus en plus sympathique, à mesure qu'elle détecte chez lui les signes, discrets mais tangibles, de la timidité.

Elle traverse la pièce bondée et se glisse dans son dos :

« Je ne savais pas que ma bibliothèque avait un tel pouvoir d'attraction. »

Il sursaute, se rattrape d'une pirouette :

« C'est une très belle bibliothèque, pourtant. Il y a de quoi s'occuper.

— J'espère au moins que t'as appris tous les titres par cœur, depuis le temps que tu bloques devant. »

Est-ce qu'il rougit ? Difficile à dire. En tout cas, il ne se démonte pas :

« J'adore regarder les bibliothèques quand je suis chez les gens. On en apprend beaucoup sur leur propriétaire.

— Ah, vraiment ? Et qu'as-tu appris sur moi, dans ce cas ? »

Il hésite. Mais après tout, c'est Faustine : bien sûr qu'elle attend davantage qu'une plate description du contenu de ses étagères.

« Ce que j'ai appris, c'est que l'intégrale de Jane Austen est bien planquée derrière tes essais d'art. »

Elle cille un peu.

« Et donc ?

— Et donc, on peut imaginer que tu es bien plus fleur bleue que tu ne le laisses paraître.

— Eh bien, mon cher, ton imagination se trompe. »

Ils se ferment tous les deux, piqués au vif, eux qui aiment à s'imaginer perspicaces. Arnaud tente de garder un visage amène mais l'inquiétude le ronge, comment ça, son imagination se trompe? Jusqu'à présent, elle ne s'est jamais trompée. Toujours elle est tombée juste et il se repose sur elle, il le sait, lui accorde une confiance sans faille, nourrit envers elle une foi viscérale. Bien plus que de ses connaissances, ses diplômes, son savoir-être ou ses atouts physiques, Arnaud n'est sûr que d'elle, sa fidèle imagination. Mais peut-être touche-t-elle pour la première fois ses limites.

Il s'empresse de changer de sujet.

« Et ça, c'est de toi ? »

« Ça » est reclus dans un coin du meuble, timidement calé entre un bougeoir et *Belle du Seigneur*. Petit cadre rectangulaire contenant une esquisse au crayon gras, ossature de traits hachés, nerveux, incisifs, et cependant d'une étrange délicatesse, dessinant les contours d'une ombre anguleuse.

« C'est moi, oui. »

Elle pince les lèvres et ajoute, d'un ton brusque, bourru :

« Je veux dire, c'est un autoportrait. »

Elle avait commencé à l'adolescence, et puis, assez vite, c'est devenu une obsession : figer sur le papier son propre reflet, s'offrir un miroir du bout du crayon. Elle a d'abord cherché la reproduction fidèle, le réalisme sans concession. Son nez trop long, son menton en galoche et ses lèvres trop minces, l'angle saillant de ses pommettes et l'asymétrie des sourcils, le brun banal de ses pupilles et le long cou noueux, tout devait figurer, brut et sans filtre. Elle a essayé, tâtonné, raturé, déchiré, l'image n'était jamais assez exacte, ça n'allait pas, il manquait quelque chose, ça manquait de justesse. Et elle recommençait, inlassablement, tentait de cerner au plus près les traits de son visage, de saisir l'ultime vérité de sa figure disgracieuse. Mais les formes suivaient leur propre trajectoire au fil de ses coups de crayon rageurs, s'éloignaient de leur modèle quand Faustine les voulait plus proches ; et plus elle rayait, rectifiait, hachurait, plus le portrait échappait à son contrôle, exprimant dans son indiscipline une autre vérité que peu à peu elle a fini par adopter. Alors sa main a lâché prise, les contours se sont épurés, l'exact est devenu esquisse, le réalisme a embrassé l'abstrait. Et dans cette silhouette inachevée, dans ce croquis fiévreux elle se voit désormais, plus nettement que dans la réflexion glacée d'une plaque de verre polie.

« Ah oui ? »

Il examine le cadre avec une attention renouvelée et se contente de hocher la tête, pensif.

« D'accord. »

Une main claque soudain dans le dos de Faustine, une voix rigolarde les interrompt :

« Bon anniv' la vieille ! Mais dis-moi, ça te dispense pas de jouer ton rôle d'hôtesse ! Il est où mon bonjour ?

— *Bonjoouuur*, Farah.

— Mets-y encore plus d'enthousiasme, tiens.

— Oh mais ça va, ouais ? Si ça te plaît pas, retourne donc avec tes faussaires, chérie ! »

Farah éclate de rire avant de se tourner vers Arnaud.

« Bon, puisque Fausse-tout ne prendra jamais la peine de nous présenter : je suis Farah, et toi tu es... ?

— Arnaud. Enchanté.

— Ah oui. Le mec de la frangine. Le journaliste.

— C'est ça.

— J'ai lu quelques-uns de tes reportages. Pas mal du tout.

— Vraiment ? Merci beaucoup... Et toi, donc, tu... as des liens avec des faussaires ? Ou bien c'était une blague ?

— C'est notre spécialiste ès imposteurs », affirme Faustine.

Farah lève au ciel des yeux amusés.

« Elle m'a attribué ce noble titre depuis que j'ai écrit un mémoire sur Van Meegeren.

— Sur qui ?

— Tu connais pas Van Meegeren ?

— Le snobe pas, Faust'. Franchement, qui connaît ce type en dehors de la petite bulle des historiens de l'art et affiliés ?

— *Tout le monde* devrait le connaître. Ce mec est un génie.

— Ah, donc ce n'est pas un faussaire ? J'avais cru comprendre...

— Parce que d'après toi, on ne peut pas être un faussaire *et* un génie ?

— C'est un faussaire génial, en fait, appuie Farah. Il s'est pas contenté de reproduire des toiles de Vermeer, mais il en a carrément *créé*... Des peintures inventées de toutes pièces, et qui ont réussi à duper même les plus grands experts pendant des années.

— Ouais, tout le monde a cru que c'étaient des vrais Vermeer perdus pendant des siècles, et qu'on avait fini par exhumer. Faut dire que ça correspondait exactement aux fameuses toiles religieuses que le peintre aurait réalisées dans sa jeunesse, et sur lesquelles jamais personne n'était parvenu à mettre la main. Il s'était bien renseigné, le coco.

— Et vous appelez ça un génie ? Moi j'appelle ça un escroc. »

Adèle a rejoint le petit groupe, un peu lassée des deux urbanistes qui acquiesçaient à tout ce qu'elle racontait. Prêcher des convertis n'a rien de très excitant.

« Pas seulement, nuance Farah. Je veux dire, c'était bien plus qu'un simple falsificateur : c'était un réel artiste, capable d'imaginer et créer ses propres toiles, même si elles devaient être attribuées à Vermeer… Il faut une vraie puissance d'imagination pour parvenir, non pas seulement à reproduire le coup de pinceau du maître, mais carrément à se mettre à sa place, à visualiser avec précision ce que Vermeer *aurait pu* peindre.

— Et fabriquer avec ça une vraie toile, une vraie œuvre originale, même si l'auteur n'est au final pas le bon.

— Aucun mérite à ça, tranche Adèle d'un ton sec. Le type s'est juste servi de ses quelques aptitudes artistiques pour abuser de la confiance des gens et les truander. Pas une once de génie là-dedans, simplement une technique bien rodée et une totale absence de scrupule.

— On ne parle pas de la même chose, très chère, objecte Faustine en se roulant une nouvelle cigarette. Tu mets de la morale partout, mais le génie et le talent n'ont rien à voir avec la morale. »

Arnaud s'est servi un nouveau verre, qu'il boit avec un peu trop de vélocité. Cette conversation le met mal à l'aise. Il espère que personne ne s'en aperçoit, et se contente d'arborer une expression de neutralité polie – ravi, comme souvent, qu'Adèle et sa fougue facilitent ses desseins en captant l'essentiel de l'attention.

« Bah voyons… C'est en glorifiant des connards comme celui-là qu'on en arrive à une humanité pourrie. Ok, il fait des jolies peintures, et ensuite ? Ça sert à quoi si c'est pour entuber les gens et servir uniquement ses propres intérêts ? Qu'on puisse à ce point dissocier l'art de l'éthique, ça me dépasse. »

Faustine termine de remplir la cigarette, en humecte l'extrémité et rétorque calmement :

« En effet, si tu comprenais quoi que ce soit à l'art, ça se saurait.

— Je n'ai peut-être pas ta sensibilité artistique, mais j'ai au moins le sens de ce qui est juste. Et si tu veux mon avis, c'est ce sens-là qu'il manque à pas mal de personnes sur cette terre, artistes ou pas artistes.

— Bien sûr, ricane Faustine, et c'est dans ton activité d'avocate en droit des affaires que tu mobilises pleinement ce sixième sens. »

Adèle lève le menton, vexée, sa voix se fait glaciale.

« Je ne vais pas te faire un rapport sur mes tentatives quotidiennes de contribution au mieux-être planétaire. De toute façon, Arnaud et moi on va y aller, on a une autre soirée qui nous attend. On vous laisse dans votre petite bulle d'artistes détachées de toutes ces si prosaïques considérations morales.

— Très bien. Bon vent », lâche Faustine.

Mais Adèle, soudain, fait volte-face et ajoute à brûle-pourpoint :

« Et au fait, avant de partir, on voulait juste t'annoncer un truc... Arnaud et moi, on va se marier. »

L'intéressé reste pris de court. Il ne pensait pas qu'elle allait l'annoncer là, comme un cheveu sur la soupe, alors que la nouvelle ne date que d'aujourd'hui. Et s'attendait encore moins à ce que, de tout leur entourage, Faustine soit la première personne à être informée. Laquelle, alors que Farah lance un sonore « Ah ben félicitations !! », se contente d'arborer son éternelle mine ironique.

« Maintenant que Monsieur Daguerre est grand reporter, c'est vrai qu'il est devenu un parti acceptable. »

Elle précise d'un ton radouci, avant qu'Adèle n'ouvre la bouche pour répliquer :

« Blague à part, et si l'on fait abstraction de mon opinion sur le mariage, je dois dire qu'au moins tu nous as dégoté un beau-frère correct. Vu tes antécédents, on aurait pu se retrouver avec un jeune péteux con comme une brique. Ou pire, un aspirant politicien adepte de la langue de bois. Donc là ça va, c'est honnête. On a limité la casse. »

Adèle, touchée, pour une fois reste coite. Arnaud se passe une main dans les cheveux, aussi flatté que gêné.

« Je suis peut-être un jeune péteux expert en langue de bois, qu'est-ce que tu en sais ? »

Sourire sibyllin de Faustine.

« C'est vrai, je ne sais pas. Je ne fais qu'imaginer. On ne sait pas grand-chose de toi, dans le fond. Tu fais ton max pour nous échapper, pour ne laisser paraître aucune tare... Mais ça ne durera pas, mon cher. Ça ne durera pas. »

8

29 NOVEMBRE 2010

« Et donc ? On va rester là les bras croisés en attendant que ça passe ? »

Johanne a réagi avec sa fougue coutumière, sans même laisser à Guillaume le temps de finir sa phrase. Un bruissement d'approbation parcourt l'assemblée, avant d'enfler en un brouhaha qui, très vite, remplit la salle d'une cacophonie dans laquelle Arnaud distingue au vol quelques bribes de paroles intelligibles, ouais c'est vrai, elle a raison, on va quand même pas, c'est pas parce que, pas des troufions de TVMag, pourquoi eux d'ailleurs, nous aussi on est journalistes bordel.

Depuis ce matin, l'agitation règne rue Émile Zola. Sans surprise, l'événement a déjà occupé une bonne partie de la conférence de rédaction du service Société. Et, comme d'habitude à chaque nouvelle frasque de Wikileaks, un fond d'aigreur imprègne les artisans du Miroir.

« Franchement, je comprends toujours pas pourquoi ils préfèrent filer leurs dossiers au Monde, répète Sergio. Pourquoi eux, hein ? L'élite du journalisme d'investigation, c'est quand même nous, jusqu'à preuve du contraire ! »

Guillaume hausse les épaules, fataliste.

« Mais ce n'est pas avec l'élite du journalisme d'investigation qu'ils ont choisi de collaborer. On peut rien y faire, mes petits choux.

— De toute façon, cette fois-ci y'a pas l'air d'y avoir d'énormes scoops dans toute cette masse de télégrammes, si ? Enfin, je veux dire, pas comme le mois dernier...

— Mais y'en a quand même 250 000, mon vieux ! *250 000* ! Évidemment que dans le tas, il y a forcément des trucs à se mettre sous la dent.

— Des trucs que *les autres* pourront se mettre sous la dent, grince Johanne. Parce que nous, on sera tout juste bons à ramasser les miettes, comme à chaque wikileakserie. Pas vrai ?

— Tu ne m'as pas laissé terminer, rétorque Guillaume avec un calme inhabituel. Je voulais dire que non, ce n'est pas vrai. Pas cette fois. »

En temps normal, Guillaume est plutôt du genre gueulard. Du genre à ne pas permettre qu'on lui coupe la parole – et d'autant moins quand l'auteur de cette audace s'avère être l'une de ces gonzesses à la langue trop bien pendue. Mais il s'agit ici de Johanne, et Johanne n'est pas une simple gonzesse. Johanne est reporter de guerre, hargneuse, pugnace, passionnée, et, admet Guillaume non sans une pointe d'admiration, plus couillue que la plupart de ces verges-molles qui se prétendent journalistes.

« Cette fois, poursuit le rédacteur en chef désormais face à un silence attentif, c'est pas le manque d'accès à ces foutus documents qui va nous empêcher d'enquêter. On en a parlé avec Philippe, ce matin. Le Miroir n'en a pas moins son mot à dire sur le sujet. Ça mérite qu'on y consacre un dossier. Avec nos propres investigations. »

Les autres opinent du chef, satisfaits.

Ils sont douze, douze grands reporters, la garde d'élite du Miroir. Bien qu'intimidé, Arnaud s'est greffé sans trop de difficulté à cette troupe dynamique, ambitieuse, un brin idéaliste et majoritairement testostéronée. Ici, à la différence du *Miroir.fr*, son jeune âge est une vertu, de même que son statut de protégé du directeur. Au service Société, on respecte Philippe Girard comme l'Évangile ; arriver auréolé de l'estime du patron est un sésame infaillible d'intégration à l'équipe.

Bien sûr, il faut quand même faire ses preuves. Ne pas compter ses heures, « être force de proposition », exhiber l'étendue de sa débrouillardise. Le midi, quand ceux qui se trouvent à la rédaction entre deux reportages sortent déjeuner ensemble, ou bien certains soirs, à la faveur d'un apéro impromptu, chacun raconte ses faits d'armes : la dernière anecdote, les galères surmontées *in extremis,* les belles personnes ou imblairables individus rencontrés sur la route. Les récits de terrain, le code d'accès à la tribu des reporters. Moi aussi, le terrain m'a bizuté, moi aussi j'ai morflé, voilà les cicatrices sur mon bras : acceptez-moi.

Dans ce clan où la grégarité n'empêche pas de se prétendre animé d'un *farouche esprit d'indépendance*, Arnaud s'est glissé sans peine à la place du petit nouveau bosseur et talentueux, qui ne la ramène pas et écoute avec humilité les conseils prodigués par ses aînés. Le petit nouveau 2.0, venu du numérique et y gardant un pied, à l'aise sur le web autant que biberonné aux augustes plumes du journalisme d'antan : une curiosité postmoderne. Premier reporter hybride de l'hebdomadaire, il continue de naviguer entre le service Société et le *Miroir.fr*, vogue d'un étage à l'autre pour participer aux différentes conférences de rédaction, fait la jonction entre ces deux univers qui se regardent en chiens de faïence. On lui demande de passer des messages, de choper des infos, et il s'exécute, en bon soldat de la médiation interservices, petit émissaire zélé soucieux d'échapper au maillage sournois de la toile des rivalités professionnelles.

En intégrant le service Société, Arnaud a enfin pénétré dans la cour des grands, réalisé son rêve d'enfant. Le regard des autres aussi a changé. Quand il a annoncé la nouvelle à ses parents, le patriarche même s'est fendu d'un *c'est bien, Arnaud*. C'est bien. Dans la bouche avare de son père, ces quelques mots ont le poids et l'éclat d'un lingot d'or. Jusqu'alors, les parents Daguerre ont suivi le parcours de leur rejeton d'un œil qui, sans être désapprobateur, ne rayonnait pas franchement d'enthousiasme. Ils auraient préféré qu'Arnaud, après Sciences Po, embrasse une carrière administrative : du stable, du solide, une valeur sûre. Mais le stable et le solide n'ont, hélas, jamais intéressé le rejeton en question, resté cramponné à sa lubie enfantine, attiré vers le mouvant, le changeant, l'éphémère, et vers une profession chaque jour plus précaire. Et s'ils l'ont laissé faire – après tout, cette voie n'est pas dénuée d'une certaine noblesse, à défaut d'offrir la moindre sécurité, au moins est-ce un métier reconnu, utile et intellectuel – c'est avec, toujours, une pointe de scepticisme. Lorsqu'Arnaud est entré au Miroir, cette réserve s'est certes un peu émoussée. Le Miroir, quand même, on ne peut rien dire. C'est conforme à ce qu'on attend d'un Daguerre. C'est correct, c'est sérieux. C'est *presque* bien. Presque, car il ne s'agissait encore que du Miroir *point haifère,* cette abstraction numérique, et non des belles pages glacées d'un magazine demi-centenaire. Il a donc fallu attendre la fameuse promotion, son nom en bas d'un papier et ce titre honorifique, *grand reporter*, pour que lesdits parents, enfin, fassent une croix sereine sur leurs rêves de préfecture, de diplomatie ou d'inspection des finances, et reconnaissent du bout des lèvres que leur fils avait, peut-être, éventuellement, en définitive, choisi la carrière *ad hoc*.

Alors oui, son nouveau statut, sans aucun doute, a plus de gueule que le précédent. Pourtant, Arnaud se garde bien de choisir un camp. Il pourrait snober ses confrères du web au motif qu'il est passé, *lui,* à l'échelon du dessus ; mais ce serait, il le sait, une grave erreur stratégique. Il a beau ne pas avoir – sur le papier – opté pour une carrière diplomatique, de fait, il déploie au boulot la prudence et le doigté d'un agent consulaire. Ces eaux grises ne le troublent pas trop ; la diplomatie et ses broderies alambiquées lui sont un art familier. C'est là-dedans qu'il est né, qu'il a grandi, dans ce monde de courtoisie sophistiquée, ce monde de pieux mensonges et de secrets vertueux, ce monde où l'on tient pour acquis que la société est une scène de théâtre où chacun doit réciter son texte et taire ses pensées, jouer le jeu et tenir son rôle, pour le bien de la troupe, pour que se déroule, sans couac et sans impair, l'histoire bien ficelée d'un dramaturge habile.

« En gros, l'idée ce serait un reportage axé politique pur jus. Y'a du grabuge à la Maison-Blanche, tu parles que ça les arrange pas, cette affaire de *cablegate.* Faudrait quelqu'un pour aller farfouiller ce cambouis-là. Seb ? La mouscaille politique, c'est bien ton truc, non ?

— J'ai déjà la Biélorussie cette semaine, Guillaume...

— Moi je veux bien m'y coller.

— Pas assez de guerres, en ce moment, Johanne ?

— Elle est en manque. Il lui faut sa dose hebdomadaire de roquettes.

— Tu vas voir Jo, louvoyer au milieu des langues de bois, c'est encore plus technique que les check-points !

— J'ai testé les narcos et les chefs talibans, les gars. La langue de bois, c'est bon, je suis rodée. »

À côté d'Arnaud, Régis intervient de sa voix posée :

« Mais au-delà de la mouscaille politique comme tu dis, Guillaume, c'est aussi une vraie question qu'il faudrait fouiller. Dans le fond, est-ce que ça sert vraiment la démocratie, de balancer comme ça des torrents de télégrammes diplomatiques ? »

Silence pensif de l'assemblée.

« Je veux dire, ils nous sortent de la *transparence* à toutes les sauces comme le Saint Graal, mais est-ce que le secret diplomatique, la dissimulation de certaines informations et le détournement de quelques autres ne sont pas, dans un sens, nécessaires au bon fonctionnement des États ? »

Des rires fusent, Régis Kervelen représentant de la CIA !, t'as tes cinq cents signatures Régis ?, votez Kervelen pour la défense du secret d'État !, vous allez voir qu'il va finir par nous la pondre cette thèse...

Régis sourit à son tour, bon joueur. De toute l'équipe, il est sûrement le plus calme, le plus réfléchi – ex aequo avec Arnaud peut-être. Le plus intello, aussi. Il fait partie de ceux qui ont atterri dans le journalisme un peu par hasard, après avoir failli s'engager dans une thèse de sciences politiques. Et s'il a intégré le service Société, c'est moins pour son art du récit que grâce à son talent inégalé pour synthétiser les points de vue les plus divergents.

« Mouais, lâche Guillaume, que ce genre d'investigation philosophique passionne modérément, c'est du reportage qu'on fait, hein, pas un cours magistral dans l'amphi Richelieu... Enfin, si tu veux tenter une analyse, pourquoi pas. Fais-toi plaisir. »

Régis n'en continue pas moins de défendre son bifteck.

« Ça peut être un bon complément à l'enquête de Johanne, dans le dossier. Il faut parfois prendre un peu de hauteur.

— Mais est-ce que la hauteur, justement, ne se mesure pas à l'aune des vies humaines ? Plutôt que dans les grandes théories surplombantes... »

Les mots sont sortis. À voix basse et étouffée, mais ils ont tout de même fendu l'air, ont flotté quelques secondes dans l'atmosphère, suffisamment pour parvenir aux oreilles de Régis.

« Qu'est-ce que tu veux dire exactement ? »

Le regard de son confrère, neutre et interrogatif, a beau être dépourvu de la moindre hostilité, Arnaud sent monter sur ses joues la brûlure de la gêne. Il est le premier étonné que ses pensées se soient matérialisées. Il était là, dans son habituelle et si confortable position de retrait, baignant dans la douce chaleur de ces échanges animés, et tout à coup l'étreinte s'est desserrée, le contrôle relâché, et les mots se sont faufilés dans la brèche, hardis et conquérants. D'ordinaire il va plutôt dans le sens du vent, épouse le consensus, évite avec application toute confrontation, autant que le centre de l'attention. Mais maintenant il y est, au centre, et ne peut pas se défiler.

« Je pensais à sa vie à lui, là, le fondateur... Julian Assange ? On ne pourrait pas faire un portrait ? »

Il l'a enfin placé, l'air de rien. Le sujet auquel il pense depuis tout à l'heure. Guillaume hoche la tête.

« Ouais, bien. Le type est tellement zarbi, y'a en effet matière à pondre un truc pas mal. Arnaud, c'est pour toi, mon grand. T'y vas, tu nous trouves ses amis d'enfance, sa famille, ses anciens collègues, bref, t'essayes de cerner l'animal. »

Sur ce, il referme son classeur dans un bruit sec, signe que la réunion touche à sa fin.

« Bon ben voilà, on l'a notre dossier. Pour récapituler, donc, enquête, portrait, et puis l'analyse de Régis. Impeccable, c'est bouclé. »

Guillaume affiche une mine réjouie, comme à chaque fois que quelque chose est *bouclé* – parce que c'est bien beau les interminables dialogues socratiques, mais le bouclage c'est encore mieux, soyons *efficaces*, bordel.

Arnaud, lui aussi, est ravi avec son portrait d'Assange. Ça lui semble tout à fait dans ses cordes. Un bout de temps qu'il est intrigué et même fasciné par le personnage. Sa blancheur d'albâtre, son passé trouble, son intelligence sournoise, sa façon subtile de brouiller les pistes, de se mettre en scène en cultivant ses zones d'ombre, de se faire l'apôtre de la transparence tout en alimentant savamment la désinformation sur son propre compte. *Mendax*, « le menteur », *nobly untruthful* – noblement mensonger – tel est le nom que le hacker australien s'était choisi dans sa prime jeunesse, avant de lancer la machine de guerre qui aujourd'hui, fin 2010, déploie sa croisade virulente contre les petits et grands secrets d'État. Arnaud l'a découvert au cours de ses pérégrinations virtuelles, au détour d'un article du *New Yorker*. À partir de ces recherches, il s'est tissé depuis longtemps son propre Julian Assange, lui a créé une enfance, une psychologie, des amis et ennemis. Le boulot est déjà à moitié fait. Peut-être même plus qu'à moitié.

9

26 MARS 2011

La chemise immaculée, encore suspendue à son cintre, le nargue du fond du miroir. Arnaud prend son temps, retarde le moment où il lui faudra endosser ce costume de scène, sur lequel les invités pourront projeter leurs fantasmes.

En attendant, il examine le corps que masquera le costume, dans la lumière chaude et moite de la salle de bains. Peau trop blanche, torse glabre, attaches fines. Enveloppe corporelle à laquelle les autres associent des qualificatifs plutôt élogieux, la plupart du temps. Pourquoi élogieux, d'ailleurs, il ne comprend pas vraiment. Ce qu'il voit, lui, c'est le corps d'un petit citadin délicat, avec son ventre déjà un peu mou, la chair tendre de ses bras, ses mains à la peau fine et douce qui n'ont, de toute évidence, jamais connu que le cocon soyeux du travail intellectuel. Dans un monde idéal, il aurait été son exact contraire : un rude aventurier à l'épiderme rêche, aux épaules carrées, aux muscles noueux. Un parangon de virilité. Mais il n'a jamais été très aventurier, ni très athlétique. Les épopées à la Sylvain Tesson, les ascensions à la Frison-Roche, il a toujours préféré les lire et les rêver.

À celui qui, dans quelques heures, sera officiellement son beau-père, il donne bien sûr le change. Pour Jean-Claude Carle, la valeur d'un homme se mesure en nombre de kilomètres sur un compteur de VTT, en longueur de piste noire et en maîtrise du vocabulaire nautique. Si Arnaud ne peut guère tenir le cap sur la première variable, son éducation bourgeoise nourrie aux hivers à Megève et stages de voile estivaux lui permet d'obtenir sur les deux autres un score acceptable. Suffisamment, du moins, pour créer avec Jean-Claude la complicité de ceux qui partagent un langage commun – quand bien même le summum de l'activité physique d'Arnaud, en dehors des vacances, se résume à quelques heures de flâneries piétonnes. Dans ses flashs de lucidité douloureuse, il appréhende le moment où ce beau mirage se dissipera, le moment inévitable où, l'âge n'aidant pas, son activité sportive minimale finira par avoir raison de cette endurance de façade. Mais en attendant, le trompe-l'œil se maintient. Comme il s'est toujours maintenu, tout le temps. Son corps est un canevas sur lequel on brode des histoires. Son corps est un complice sournois de sa maladie d'imposture.

Il souffle sur la surface de verre. Son image, nappée de buée, devient nuage. Illusion. Il ne sait faire que ça : illusion. On ne s'appelle pas Daguerre pour rien. Bien qu'il n'ait, d'après les données familiales, aucun lien de parenté avec l'inventeur du daguerréotype, Arnaud se sent uni par un étrange lien de filiation à ce lointain Louis Daguerre, maître du simulacre avant d'être celui, controversé, de la photographie. Comme cet aïeul imaginaire et son célèbre Diorama, Arnaud s'est spécialisé dans le décor de théâtre et la simulation de réalité. Depuis le jour où, dans le Larousse de la bibliothèque scolaire, il est tombé sur son propre nom et a lu la notice correspondante, tout lui a semblé limpide ; sa vie de trompe-l'œil trouvait dans ce patronyme son origine et sa justification. Il était voué à en porter l'héritage, celui d'un peintre autant que d'un photographe, consacrant son existence à tenter de créer, par tous les moyens, des artifices de réalité. Et puis, bien plus tard, sur Wikipédia, il devait apprendre aussi la manière dont Daguerre avait habilement distordu les faits pour s'attribuer le seul mérite de l'invention de la photo. Alors, Arnaud s'est su condamné. Condamné à l'imposture, et condamné à l'illusion.

Au loin, le vague écho d'une porte qui claque. Les rumeurs de la fête qui se prépare ne lui parviennent qu'étouffées, voire ne lui parviennent pas du tout. Il se sent protégé, comme dans une bulle ouatée, à l'intérieur de cette grande salle de bains au *charme de l'ancien*.

Adèle y tenait, au charme de l'ancien. Six mois pour trouver le lieu adéquat, sur la grosse année de préparatifs intenses. Quatorze mois durant lesquels elle s'est improvisée *wedding planner*, consacrant la plus grande partie de son temps libre à visiter des salles, rencontrer des fleuristes, choisir un traiteur, parcourir des blogs à l'esthétique léchée remplis de conseils pointus et écumer les tailleurs sur mesure, mollement suivie par un conjoint dont le rôle se bornait à valider ses coups de cœur et coups de gueule. Elle a finalement jeté son dévolu sur un élégant manoir du XIXe siècle niché au cœur de la vallée de Chevreuse, à quelques kilomètres du domicile Carle et, avantage non négligeable, doté d'un vaste parc, idéal pour l'installation du chapiteau fleuri sous lequel se déroulera la cérémonie laïque. Rien n'a été laissé au hasard : ni la composition florale, ni le plan de table – établi en fonction « des compatibilités psychologiques, intellectuelles et socio-économiques » des convives – ni l'orchestration minutieuse des festivités, ni le menu, testé puis retesté et conçu de façon à allier subtilement plaisir et diététique autant que classicisme et modernité, ni la playlist, qu'elle a réussi à imposer au DJ récalcitrant au terme d'âpres négociations – il fallait que la liste musicale, uniquement composée de morceaux revêtant pour Adèle et Arnaud une importance émotionnelle, soit diffusée dans un ordre chronologique suivant l'histoire de leur couple, tout en respectant l'inévitable montée d'énergie au cours de la soirée –, ni même la date, samedi 26 mars, premier week-end de printemps, éclosion des fleurs, renaissance, début d'un nouveau cycle. Tout doit concourir à faire de l'événement un moment unique et inoubliable, la représentation quintessentielle de leur relation. Adèle & Arnaud, très bientôt dans vos salles.

Bien sûr, ça n'a pas été sans occasionner quelques heurts. Dernier épisode en date, pas plus tard qu'hier soir, lorsqu'Adèle, qui avait réussi à garder son sang-froid pendant quatorze mois, fut soudain, à l'approche du jour fatidique, prise d'une crise de panique. Et si le discours des témoins n'était pas à la hauteur ? Décor, traiteur, tenues, musiques, tout est sous contrôle. Mais il reste en revanche un élément sur lequel elle n'a, hélas, aucune prise : le fameux discours, délégué aux témoins Sophie et Anissa. Personnes qu'elle a dû juger dignes de confiance, un jour, dans une ancienne vie. Très ancienne. Suffisamment ancienne pour que ce jour, hier soir, lui semble à des années-lumière. Parce que, est-ce qu'Arnaud se rendait compte, et si jamais le discours était raté ? Trop cul-cul, trop cliché, n'ayant rien à voir avec leur identité de couple, bref, un discours dissonant de façon irréparable avec la perfection du reste ? Si jamais Sophie et Anissa tombaient complètement à côté, racontaient des blagues pas drôles ou sortaient des dossiers gênants, comme la fois où Adèle un peu trop éméchée avait repeint de son vomi les chaussures d'une pauvre touriste chinoise dans le métro, oh non pas ça, pitié, pas ce dossier-là, pitié...

« Tu te prends vraiment trop la tête, Adèle, a tenté de tempérer Arnaud. Relaxe-toi. Ça fait des mois que tu bosses comme une forcenée pour que tout soit parfait, et tout *sera* parfait, je te jure... Essaye de te détendre. C'est qu'un mariage, bon sang. On ne joue pas notre vie là-dessus. »

Il avait accompagné ces mots d'un sourire qui se voulait apaisant ; l'effet produit fut strictement contraire. Le visage d'Adèle s'est décomposé, un flot brûlant a jailli de ses yeux, de ses lèvres, elle en était sûre, *sûre,* que ce mariage n'avait pour lui pas la moindre gouttelette d'importance, elle l'avait senti dès le début, même s'il n'avait jamais eu les couilles de le lui dire en face, comme d'habitude, et puis au passage, avait-elle seulement, elle, Adèle Carle, la moindre importance à ses yeux, elle se doutait bien depuis longtemps qu'il n'accordait à leur relation qu'une importance très secondaire, mais en avait maintenant la confirmation, d'ailleurs il pouvait même la quitter tout de suite si tel était son désir, qu'il retourne en paix à sa petite vie étriquée de célibataire sans les casse-couilleries d'une donzelle qui sue pourtant corps et âme depuis des mois pour leur organiser une fête digne de ce nom, parce que s'il fallait attendre que lui l'organise, la fête, ouh là là on aurait pu patienter jusqu'à l'an 2040, de toute façon, lui, ce que les autres peuvent penser de sa petite personne, ça lui passe par-dessus la tête, rien à battre, alors « relaxe-toi » c'est facile à dire, hein, quand c'est elle qui se tape tout le boulot et toute la pression, et puis dans le fond qu'est-ce qu'elle foutait avec un mec pareil, elle se le demandait aussi, un monstre de flegmatisme, la vie glisse sur lui sans l'atteindre, aucun sens des responsabilités, jamais aucune initiative, elle en avait plus que sa claque de tout porter sur ses seules épaules.

Arnaud acculé n'a réussi qu'à bafouiller de faibles dénégations, aussi malvenues qu'un souffle sur des braises. Il reste toujours paralysé devant la violence de ses réactions, lui qui face au conflit a des réflexes de déserteur. Alors, les vociférations ont retenti jusque tard dans la nuit, l'écho de la dispute rebondissant sur les parois du décor, les murs de ces salles vides qui attendent leurs spectateurs, cette scène où sera jouée, aujourd'hui, une romance sans nuage et sans cris.

L'heure tourne, Arnaud sait qu'il doit commencer à s'activer, les convives vont bientôt arriver. Les parents Carle sont déjà là, affairés aux derniers préparatifs. Laurence, simple et sobre dans sa robe en lin claire drapée autour de son corps longiligne, Jean-Claude en pantalon marine et chemise sans cravate, par principe, le chic n'excluant pas la modernité, comme il aime à le rappeler.

Arnaud saisit son rasoir d'un geste nerveux. S'il y a un seul point sur lequel Adèle a raison, c'est qu'en effet, il n'accorde pas autant d'importance qu'elle à cet événement. Pourtant, il sent maintenant, à moins de deux heures du passage fatidique devant le maire, l'angoisse monter dans sa poitrine. Il visualise cette foule, masse grouillante et dense ; et dans la foule, des figures se dessinent, nettes et acérées. Faustine en jupe longue et bohème, sourire sardonique aux lèvres. Ses parents, mondains et distants, tribunal de grande instance décortiquant en silence les détails de la mise de la scène, passés au crible de codes immuables. Anne Daguerre : chapeau, escarpins à la ligne fuselée, carré Hermès et carré de cheveux bruns grisonnant avec élégance. Taille fine, phrasé précis, une efficacité de femme d'action à peine dissimulée sous les manières aristocratiques. Jean Daguerre : maintien raide, smoking impeccable, parole rare et assurée. Sourire d'une froide courtoisie à Jean-Claude Carle et à son absence regrettable de cravate. Et puis l'équipe du service Société, qu'Arnaud, à défaut d'avoir beaucoup d'amis proches, s'est finalement résigné à inviter pour faire bonne figure face à l'armada amicale de sa conjointe – récoltant au passage bourrades de félicitations et débouchage de champagne au milieu des bureaux. Et les voilà donc aussi, dans la foule, ses confrères avec leur dégaine baroudeuse vaguement endimanchée, Johanne un peu gauche derrière son maquillage, Guillaume dont le langage fleuri fait hausser un sourcil aux Daguerre. Et il voit d'avance l'enchaînement du cérémonial, narration calculée au millimètre, émotion, joie, rires, mouchoirs, commérages, jalousie des célibataires, déprime des séparés, vieux endormis avant le dessert, retour titubant de ceux qui ont forcé sur le Ruinart. Avant l'album photo souvenir rempli de sourires et de fleurs.

Le rasoir glisse sur sa joue. Dans le miroir, son complice d'illusion le regarde toujours. Yeux sombres, traits réguliers, grain de beauté sur la pommette gauche. Visage poupon, trop propre, trop sérieux. Arnaud tente de rassembler sa concentration, prend garde de ne pas se couper, ce qui lui arrive à intervalles réguliers – Adèle le traite de manchot en gilet pare-balles. Mais aujourd'hui, il vaut mieux éviter, ce ne serait pas du meilleur effet. Quoique. Il en a souvent rêvé, le rasoir à la main. Se refaire la trogne, allez hop, une estafilade ici, une balafre par-là. Faire gicler cet ensemble trop sage, cette belle petite gueule trop lisse. Il en a souvent rêvé, de ne pas être Arnaud Daguerre, prisonnier de son nom ambigu, de ses peurs ridicules, de sa figure de gentil garçon. Il s'est souvent demandé quelle personne il serait devenu s'il était né avec un autre visage. Plus ingrat, plus rebutant, moins consensuel. Une tronche à la Alain Pacadis, le cheveu gras, les dents gâtées, le menton tordu. Alors peut-être, comme lui, aurait-il hanté les milieux interlopes, affublé de lunettes noires et de costumes de dandy. Peut-être aurait-il trop eu l'habitude de déplaire pour vraiment craindre l'échec. Peut-être aurait-il été prisonnier d'une autre fiction. Celle de l'enfant terrible, du marginal crasseux, du punk impertinent.

Il repose le rasoir sur le bord du lavabo ; sa peau a retrouvé une douceur de bébé. Paré pour le show de Monsieur et Madame Propre. Il ricane devant la glace, et ce ricanement ne lui va pas. Fausse note dans le décor. On se reprend, Arnaud. Tu es attendu sur scène. Il est temps de rendosser ton costume d'enfant sage.

10

10 MAI 2011

Les flashs crépitent. Sur la scène, devant le rideau de velours rouge encadré d'or, la cérémonie a commencé. Lyrique, teintée d'émotion. L'heure est aux réjouissances et à la solennité. Les mots ont été choisis avec précaution, afin de trouver le juste équilibre entre prudence et enthousiasme.

Sur le fauteuil, la jambe droite d'Arnaud tressaute de fébrilité. L'attente lui semble insoutenable. Il devrait pourtant profiter, savourer chaque parole, chaque détail de la cérémonie. Après tout, quoiqu'il arrive, c'est un accomplissement. Quoiqu'il arrive, il est exactement là où il rêvait d'être. Alors il s'exhorte, relax, Arnaud, relax. Pourquoi ce stress absurde. Pourquoi cette angoisse, toujours elle, cette vieille compagne collante comme une ex envahissante, ce malaise qui lui tord les boyaux. Inutile. Parasite.

Il plaque la main sur sa cuisse et tente de se concentrer sur les invités. Du beau monde. Une partie du gratin a fait le déplacement, et la chaude animation de la salle contraste avec les rues d'Oslo, dehors, dans lesquelles souffle encore le vent de l'hiver scandinave. Qui n'a toutefois pas refroidi Adèle, extatique de retrouver la ville qu'elle avait arpentée avec ses parents il y a dix ans, au retour de ce road-trip au milieu des fjords tellement DINGUE, Arnaud, si tu savais... Il ne sait pas, non, n'a jamais mis les pieds dans un fjord et n'est pas sûr d'apprécier. La Norvège, ils ont pourtant failli y passer leur été dernier – avant qu'Arnaud ne suggère une destination moins septentrionale.

Jamais alors il n'aurait imaginé s'y rendre quelques mois plus tard, Adèle à ses côtés, pour écouter la voix douce et claire de la présidente du jury sur une scène de théâtre.

« Le prix Albert Londres est chaque année, pour nous les journalistes, un événement incontournable... »

Les mots résonnent dans la vaste salle, au milieu d'un silence respectueux, à peine troublé par quelques discrets raclements de gorge et cliquetis d'appareils photo.

« ... car c'est l'occasion de récompenser le talent et l'engagement de ceux qui se sont distingués par un regard en tout point remarquable... »

Arnaud sent la main d'Adèle serrer la sienne, leurs regards se croisent, il lit dans les yeux brillants de sa femme une fierté teintée de surexcitation.

« ... ceux qui ont défendu une éthique et des valeurs qui sont le socle et l'honneur du journalisme. »

Sur la scène, le visage barbu d'Albert Londres est tourné vers l'assemblée. Arnaud sent peser sur lui ce regard grave et mélancolique, regard qui semble porter les malheurs du monde, ces fameuses plaies dans lesquelles Londres, sa vie durant, a trempé sa plume. Et le fuseau de ces yeux en noir et blanc le met soudain mal à l'aise, depuis son image projetée sur cette grande toile blanche, Albert Londres le juge, Arnaud en est certain, le dieu des journalistes le fixe avec une affliction remplie de sévérité, et ses paroles se superposent à celles de la présidente, *notre métier consiste avant tout à dire la vérité,* la vérité, Arnaud Daguerre, tu m'as bien entendu, mérites-tu les honneurs de notre métier, écris-tu la vérité ?

La respiration d'Arnaud s'accélère, une moiteur désagréable humidifie ses mains. Sa gorge se serre, il étouffe, les mots dansent devant ses yeux, *la vérité, la vérité, notre métier*, il voudrait se lever d'un bond et sortir, courir dans les rues froides, fuir ce regard braqué sur lui, fuir Adèle débordante de fierté, fuir cette foule de reporters intègres et passionnés, fuir et disparaître, se terrer dans sa honte, se dissoudre avec ses misérables secrets. Mais il ne se lève pas. Il reste là, rivé à son fauteuil, cloué par sa lâcheté, aimanté à la douce chaleur de la gloire.

En face, le jury a enchaîné avec un vibrant hommage aux journalistes du monde arabe. Alors que les membres de l'Association Albert Londres renchérissent en affirmant leur solidarité sans faille envers les médias libres de tous les pays, le diaphragme d'Arnaud se relâche, l'angoisse reflue peu à peu, ses pieds retrouvent le contact du sol. Pourvu que personne n'ait été témoin de cette crise de panique ridicule. Il jette un bref regard sur sa droite, vers Adèle qui ne perd pas une miette de la cérémonie, tout comme – vérification faite – Guillaume à sa gauche. Ni vu, ni connu. La crise n'a pas existé. Il maîtrise la situation. Il maîtrise *toujours* la situation. N'a-t-il pas réussi, à chaque fois, à sauver la face, jusqu'à s'approcher aujourd'hui de l'une des reconnaissances journalistiques suprêmes ?

Un bout de temps déjà que les signaux étaient au vert. Il y a d'abord eu, à l'automne, sa série de reportages sur l'Irak post-guerre, portrait d'un pays exsangue après sept ans de conflit. Des frémissements se sont alors fait sentir ; ces articles ont valu à Arnaud une salve inégalée de commentaires élogieux, émanant de lecteurs autant que de confrères. On s'est dit épaté du réalisme des descriptions d'un Bagdad mutilé, on a admiré la résilience de ces survivants au regard douloureux. À aucun de ces commentateurs, bien sûr, Arnaud n'a avoué que la moitié de ces personnages si émouvants n'existaient que dans son imagination – et maintenant dans la leur, par conséquent. Quant aux autres, il ne les a côtoyés que de loin, depuis le balcon de l'hôtel où il est resté terré la plupart du temps, terrorisé à l'idée d'atterrir de façon malencontreuse dans le périmètre d'une voiture piégée ou de finir déchiqueté par une mine au coin de la rue.

Il n'a rien dit non plus quand son portrait de Julian Assange, en décembre, a encore alimenté la machine du succès. On y a vu la confirmation de ses talents d'enquêteur, il y a vu la bénédiction de ses compétences de faussaire. Les informations pointues sur la vie du hacker ? Patchwork de détails glanés dans diverses sources anglophones, savamment réécrits, dilués, retouchés. L'ami d'enfance éclairant sous un jour nouveau la personnalité controversée de ce Zorro 2.0 ? Pur produit de l'imagination d'Arnaud, concentré fictif de ses intuitions et projections sur le personnage d'Assange. Il se rassure en se répétant que tout n'est pas trafiqué, il s'y est bel et bien rendu, dans tous ces lieux, il est allé en Australie comme en Irak, il a marché dans les pas du fondateur de Wikileaks, a vu les endroits où il a grandi, s'en est imprégné, en a fait la matière première de ses descriptions.

Et puis, de toute façon, c'est trop tard ; la machine s'est emballée, il ne peut plus reculer, plus maintenant. Les dés sont jetés. Il ne peut désormais que recevoir cet honneur avec toute l'humilité qui s'impose, en porter la gloire autant que l'exigence. S'il n'en a pas été digne jusqu'à aujourd'hui, il le sera à partir de demain. Il s'en fait la promesse. Ses prochains articles seront irréprochables : plus de recyclage ni d'emprunts maquillés, plus de broderies sur du vide, plus d'inventions pour combler les trous. Du réel, rien que du réel, sans fard et sans postiche. Il saura s'autodiscipliner et résister à la tentation. Il saura dompter ses peurs, forcer ses limites, brider son imagination. C'est certain.

Il n'a peut-être pas fait preuve, pour l'instant, d'une parfaite déontologie, mais Arnaud sait, au fond de lui, qu'il est né pour ça, il le ressent dans son âme et dans ses tripes. Il l'a, la fibre du grand reporter. La passion du métier, le souffle de la vocation, il les a. Il ne s'est jamais projeté dans un autre métier que celui-ci, n'a jamais imaginé consacrer sa vie à autre chose. Mû par cet appel, par la foi en sa destinée de journaliste, il a même, lui qui pourtant a une sainte horreur de la confrontation, poussé la détermination jusqu'à tenir tête à ses parents. Et aux yeux de ces derniers, cette consécration lui donne enfin pleinement raison. La lubie d'enfant devient un choix raisonné et raisonnable, la croyance naïve en une *vocation* prend la tournure d'un succès objectif, mesurable, un talent reconnu par les pairs.

À vingt-neuf ans, Arnaud a toute la reconnaissance dont il rêvait. Idée vertigineuse. Et il serait parfaitement heureux s'il n'y avait, plus que jamais, l'appel du vide, la peur tétanisante de la chute, de cet infime caillou qui, en une seconde, peut tout faire basculer. Alors il se cramponne à la rambarde de ses promesses, il n'y aura pas de caillou, il les éliminera tous, il sera exemplaire, un modèle de probité, un journaliste intouchable. Il méritera ce prix a posteriori, et personne ne saura rien. Il sera Arnaud Daguerre, grand reporter, prix Albert Londres, page Wikipédia pour la postérité.

Dans deux secondes, enfin, on y sera. Une seconde. Le silence se fait, le public est en apnée. La présidente s'éclaircit la voix.

« Le lauréat du prix Albert Londres pour la presse écrite est Arnaud Daguerre, pour *Le Miroir*. Bravo Arnaud, bravo *Le Miroir* ! »

Les applaudissements crépitent, la tête tourne, le vertige. Adèle le pousse à se lever et à s'avancer. Il aperçoit dans la foule les visages radieux de Philippe, Pierre et Guillaume, et tous les autres, ses confrères et consœurs, connus ou anonymes, qui l'acclament au passage.

Et puis la lumière l'aveugle et il ne voit plus rien, plus que les marches qu'il monte, une à une, jusqu'à la scène.

Deuxième acte

BASCULER

11

30 SEPTEMBRE 2015

« LOL les chinois après qui nous vende du rêve avec leur éoliennes. mon cul l'hipocrisie ouais »

« Ces États qui se fichent bien de la vie de leurs citoyens !!!!! SCANDALEUX !!!! »

« Et la Russie dans tout ça ? »

Les commentaires défilent sur l'écran. Momo938, Pfdytugydchlhhh, Loulou Chic, Dupont JP, autant de lecteurs anonymes débitant leurs avis et réactions sur la Toile, derrière le paravent confortable de leurs pseudos.

Arnaud les épluche avec minutie. Rituel quotidien. Aujourd'hui, cinq nouvelles remarques sous son reportage à Tianjin – trois sur Facebook, deux sur le site du Miroir. Aussi inoffensives que dénuées d'intérêt. Toujours rien de compromettant : il va pouvoir commencer à souffler un peu. Le pic de danger est passé. L'article est sorti il y a huit jours ; désormais, les commentaires vont s'espacer, et avec eux l'omniprésente menace. Les lecteurs se précipiteront vers la chair fraîche des actualités chaudes, et les victimes du mirage de la République populaire de Chine vont lentement tomber dans les limbes d'Internet, pour n'être plus exhumées que par quelques quidams isolés au détour d'une recherche Google.

Il convient cependant de rester vigilant. Ne jamais baisser totalement la garde. Arnaud se souvient encore de ce vicieux Tedi01 il y a deux ans, qui, un mois après la publication d'un reportage dans les Balkans, avait jugé utile de préciser que sa famille albanaise n'avait jamais entendu parler d'un chef mafieux nommé Dritëro Kongoli ni d'une quelconque vendetta dans le village de Bulqizë où, pourtant, résident justement son oncle et tous ses cousins. Bien sûr, rien n'oblige la rédaction du Miroir à croire en la bonne foi d'un obscur internaute inconnu au bataillon. Il n'empêche que ce commentaire a causé à Arnaud quelques sueurs froides. Durant de longues heures, il a hésité, s'est trituré le crâne, devait-il répondre – mais quoi ? – ou bien laisser couler en espérant que personne ne relèverait, il ne parvenait pas à se décider. Il rédigea plusieurs brouillons de réponses alambiquées avant de lâcher l'affaire, il risquait de s'enfoncer encore davantage, il n'y avait plus qu'à prier pour que Tedi01 passe à la trappe. Des jours d'attente la peur au ventre, et puis rien, le silence, aucun mot de quiconque sur cet insignifiant commentaire perdu dans la masse, et auquel personne, sans doute, à part lui, n'avait prêté la moindre attention. Mais il s'est promis d'être plus prudent dorénavant. Sur la corde raide, l'équilibre se joue à un fil ; une remarque suspicieuse de trop, et c'est la chute. D'autant que – il le sait – ce ne sont pas les pinailleurs dans le genre de Tedi01 qui manquent, hélas.

Nouvel onglet. La surveillance du passé est pour l'instant terminée, place à la préparation du futur. La souris survole le plateau d'Alep. Double-clic sur la petite ville de Nobl. On s'approche, on se pose, on jauge l'environnement, ça semble parfait. Installation du campement, poursuite de l'exploration : Wikipédia, Google Images, revue de presse. En reporter consciencieux, Arnaud prend des notes dans son carnet, griffonne des schémas, recense les informations essentielles, jette une poignée d'idées en vrac. Il tient son décor. Nobl, 20 000 habitants, à quelques kilomètres au nord d'Alep assiégée. Poussière et décombres. Enclave chiite au cœur d'une région à majorité sunnite. Menacée par l'imminente intervention militaire de la Russie, demandée par Assad il y a deux jours. L'année 2015, pour Nobl comme pour toute la Syrie, s'achèvera dans les larmes et le sang.

Manquent maintenant les personnages. Arnaud ne se fait pas trop d'inquiétude : il trouvera. Des personnages, il y en a plein le web, plein les rues, et plein sa tête. Il suffit de les laisser venir à soi.

Bien sûr, l'exercice requiert un minimum de patience. En attendant, il se lève et se sert un verre de *raki*. Il a pris goût à ce breuvage anisé, dont le manteau translucide se pare d'un blanc laiteux au contact de l'eau. Adèle dirait que de toute façon, il prendrait goût à n'importe quelle boisson, pourvu qu'elle contienne de l'alcool. Ce en quoi elle n'a pas tort. Mais Adèle et son œil réprobateur sont à quelques milliers de kilomètres d'ici, alors Arnaud peut se vautrer à loisir dans ce que sa compagne qualifierait avec horreur d'orgies solitaires, il peut alourdir son estomac de kebabs aussi gras que savoureux et réchauffer son sang à grandes lampées d'alcoolémie. Elle n'en saura rien, de ça comme du reste.

Depuis son départ il y a trois jours, Arnaud ne lui a envoyé que quelques brefs textos informatifs : bien arrivé, départ pour le sud demain, ne t'inquiète pas pour moi, avons passé la frontière syrienne, je vous embrasse fort Ariane et toi. Pas le temps de plus, les reportages c'est souvent la course contre la montre, et puis sur les terrains sensibles il faut toujours être en alerte, pouvoir réagir à tout moment, on ne sait jamais ce qui peut arriver. Adèle le comprend et l'accepte, elle a l'habitude de ces absences régulières – la vie d'une femme de grand reporter. Qui, du reste, n'est pas pour lui déplaire. Bien sûr, il y a le manque, et puis l'angoisse, quand de temps en temps, comme maintenant, il part couvrir les zones de conflit. Mais Arnaud peut aussi lire dans ses yeux la fierté, cette lueur qui à elle seule semble compenser avec largeur le désagrément d'un conjoint forcé de quitter le foyer tous les quatre matins. D'ailleurs, Adèle ne bombarde jamais autant d'amour ledit conjoint que lorsqu'elle le croit sous les bombes. Tous les jours, le téléphone d'Arnaud vibre de ses messages pleins de tendresse, entrecoupés de photos d'Ariane dans sa petite robe à smocks. Arnaud caresse du doigt sa bouille blonde qui remplit l'écran, sourit en la voyant gribouiller avec la plus grande application ce qui, du haut de ses deux ans et demi, constitue sans doute l'apogée de ses aptitudes artistiques, une pelote de nœuds couleur gadoue. Elles lui manquent, oui, il faut bien l'avouer.

Il les imagine toutes les deux, dans le grand salon au design épuré, baigné de soleil à travers la baie vitrée plongeant sur le canal. Ariane épluchant avec une moue sérieuse les Miroirs entassés sur la table basse, dans une posture d'adulte miniature qui serait tout à fait crédible si elle ne tenait pas, comme d'habitude, les magazines à l'envers. Et Adèle affairée, incapable de rester assise plus de cinq minutes malgré son état. Le médecin a déjà dû déployer toutes ses ressources argumentatives pour la convaincre de renoncer, au moins jusqu'à l'accouchement, à ses footings bihebdomadaires ; on peut compter sur elle pour trouver des moyens créatifs de contourner cette inactivité forcée. Heureusement qu'elle peut suivre un ou deux dossiers à distance et travailler depuis la maison, ça limite les dégâts.

Oui, il l'imagine avec une tendresse amusée, son Adèle désœuvrée, s'agitant pour remplir le vide, tout en gérant d'une main de maître son quotidien de mère célibataire par intermittence. A ses amies qui s'étonnent qu'elle ne meure pas d'angoisse et de surmenage, elle aime répondre avec emphase qu'elle a épousé en toute connaissance de cause un grand reporter – et pas n'importe lequel ! –, que cette vie, elle l'a choisie et l'embrasse pleinement. De fait, Arnaud sait qu'elle n'y trouve pas que des inconvénients. Elle suit ses périples depuis Paris, et vibre à ses côtés ; elle goûte un peu du prestige qui rejaillit sur elle, comble à travers lui sa propre quête de sens. Elle vit par procuration cette existence engagée et aventureuse qu'elle n'a finalement pas décidé de mener. Il voit bien ses yeux brillants quand, à sa demande, il lui raconte ses reportages dans les plus menus détails, il voit son torse bombé, entend les intonations glorieuses de sa voix quand elle le présente, voilà Arnaud, mon mari, il est grand reporter au Miroir, au Miroir, oui, il a même fait la Syrie !

Elle doit le visualiser, en ce moment, au cœur de la boucherie d'Alep, sa démarche rapide, nerveuse, pour éviter les tirs des snipers, le souffle court, les semelles crissant sur les gravats, l'odeur âcre de la fumée, la rumeur sourde d'un bombardement, au loin, dans la banlieue nord. L'entrée sombre et exiguë d'un immeuble, les fils électriques qui pendent et les vitres cassées, et la famille installée là, dans la petite pièce au sol recouvert de tapis, cinq personnes assises dans les divans aux couleurs chamarrées, en contraste avec le dehors et ses cinquante nuances de beige et de gris poussière ; la famille qui se confie à ce journaliste français venu recueillir sa parole, recueillir les larmes, les regards sombres et les visages las, les voix qui s'enrouent et l'arabe qui se tord en un cri de douleur. Et puis Arnaud, enregistreur à la main, grave et silencieux, bloc d'empathie et d'humanité, opinant aux propos de l'interprète, tentant de transmettre par ses yeux, par ses gestes, la profonde compassion qui l'anime, ne pouvant cependant qu'écouter, poser ses questions, accueillir, avec toute l'humilité qui s'impose, ce malheur du monde déposé dans sa paume. Ce malheur devant lequel on ne doit en aucun cas fermer les yeux et qu'il donnera ensuite à lire, le plus fidèlement possible, à ces Européens de l'Ouest bien trop gâtés, pour leur montrer, les éveiller, les sortir par électrochoc de leur confortable torpeur.

De la fenêtre ouverte jaillissent la pétarade d'une moto, quelques interjections en turc. Mais Arnaud n'est plus là, il a passé la frontière, quitté les bazars animés de Gaziantep, il vit la guerre à travers l'imagination d'Adèle, ce qu'il imagine de l'imagination d'Adèle, il ne sait plus bien, à vrai dire, tout se confond, il sait juste qu'il y est, dans la guerre, aux côtés de tous ces gens, ses pairs, ses semblables, des humains, qui crèvent de peur sans pouvoir fuir, condamnés à rester là, prisonniers, chair à canon déchirée entre des camps ennemis. Il y est et il sent lui aussi la morsure de la peur, il sent gronder dans ses entrailles la terreur lancinante du mortier et des bombes, des tireurs embusqués prêts à surgir, à chaque instant, pour répandre la mort…

La sonnerie déchire l'air. Son métallique, premières notes d'une ritournelle trop connue, sonnerie qui se veut mélodieuse mais ne réussit, aux yeux d'Arnaud, qu'à être stridente et anxiogène.

Il saisit le téléphone, se fige, son cœur loupe un battement. Guillaume. Bon sang, mais qu'est-ce qu'il veut ? Guillaume ne l'appelle jamais pendant ses reportages, ou presque jamais. Il lui fait confiance, et puis il a d'autres chats à fouetter. Ils se contentent en général de quelques mails informatifs au cours de la mission, et d'un débrief au retour. Alors c'est louche, oui. Il doit y avoir une raison grave. Une lettre anonyme. Vous avez un imposteur dans vos rangs, méfiez-vous. Pourquoi anonyme ? Bien sûr que non, ça n'aurait aucun sens, ridicule. Un lecteur fidèle, plutôt. Ou pire, un confrère. En tant que correspondant du *Monde* en Chine, je peux affirmer avec la plus grande certitude que cet article est *fake* ! Non, mais non… improbable… il a fait attention… du calme, Arnaud, du calme. Zen. Pas de panique. Décroche, garde ton sang-froid. Tu sais faire, allez.

Le téléphone continue de sonner et Arnaud reste là, pétrifié, l'objet à la main, les yeux rivés sur ce nom, Guillaume, affiché sur l'écran, il s'invective, allez bon dieu *allez* !!, finit par décrocher, in extremis et en apnée, comme on enjambe la rambarde d'une fenêtre.

« Ça va mon vieux, toujours vivant ? »

La voix enjouée du rédacteur en chef décrispe un peu le corps d'Arnaud.

« On s'y efforce, on s'y efforce.

— Parfait. Bon, dis-moi, t'es où là ? »

Arnaud s'empresse de fermer la fenêtre.

« Alep. Je suis arrivé hier. Pour l'instant c'est plutôt calme.

— Trop calme ?

— Je veux dire, aussi calme que peut l'être une ville assiégée depuis trois ans...

— Ouais, enfin on n'y va pas pour se dorer la pilule, mon chou, mais pour toucher au nerf de la guerre. T'as suivi l'affaire avec la Russie, j'espère ?

— Évidemment, tu me prends pour un touriste ?

— Jamais de la vie. Mais passons aux choses sérieuses. T'aurais moyen d'aller faire un tour à Idlib ?

— Idlib ?

— Les Russes ont lancé des frappes aériennes sur la ville, mais il y a un doute concernant la présence des islamistes dans la région. Sans jouer à l'AFP, faudrait scanner un peu le terrain, voir ce qui s'y trame. Aucun confrère n'est sur le coup, donc il y aurait un créneau à prendre, ça serait quand même con de passer à côté.

— À vrai dire, je pensais plutôt aller à Nobl...

— Y'a quoi à Nobl ?

— Mon fixeur connaît pas mal de monde là-bas, et notamment des miliciens chiites, proches du Hezbollah. Avec l'intervention conjointe de l'Iran, je me suis dit que ça pouvait offrir un angle intéressant, un peu plus original. Non ? Enfin, je peux aussi essayer de passer à Idlib, si tu penses que ça en vaut la peine. »

Inutile de préciser que « mon fixeur », de toute façon, est un homme providentiel, aussi à l'aise à Idlib qu'à Nobl, capable de faire franchir n'importe quelle ligne de front à son protégé et de dénicher les meilleurs interlocuteurs dans toute la Syrie et au-delà.

Quand il s'est agi de trouver l'aide de camp qui l'accompagnerait sur place, Arnaud a poliment refusé les services du guide ayant travaillé avec Johanne. Pas besoin, a-t-il argué, il a déjà quelqu'un d'autre sous la main. Ahmad, un jeune Syrien rencontré en Turquie lors des manifestations de Gezi, et avec lequel il s'est lié d'amitié. Bien moins cher (argument imparable), et d'une discrétion à toute épreuve.

Si jamais Johanne, lors d'un prochain reportage, souhaite faire appel à ses talents, Ahmad sera hélas indisponible. Et si elle insiste, Arnaud le fera mourir dans un bombardement à Afrin. À grand regret tout de même, car il l'aime beaucoup, ce cher Ahmad.

« Mmh, commente Guillaume, ouais je vois, pas mal non plus, ton plan Hezbollah. Mais si tu peux aller voir un coup Idlib, ça serait nickel. Enfin, je te laisse aviser. Concocte-nous un truc sympa. »

Pour Guillaume, le récit de la guerre syrienne est « un truc sympa ». Une fiction haletante, une série à rebondissements.

« Ça marche, je vais me débrouiller. Tu peux compter sur moi. »

Arnaud laisse son regard flotter dans la petite chambre, attraper au vol la lumière blonde du bâtiment d'en face léché par le soleil, et celle, blafarde, projetée par l'écran de son ordinateur allumé.

« Bon, Guillaume, je suis vraiment désolé mais il va falloir que je raccroche... J'entends des trucs au loin, là, je crois qu'ils sont encore en train de bombarder les quartiers nord.

— Bien sûr, bien sûr. Je te laisse. Et fais gaffe quand même, hein. Tâche de revenir en un seul morceau. Que ferait le Miroir sans les papiers d'Arnaud Daguerre ? Allez, à plus. Tiens-moi au courant. »

Un léger déclic, et le silence revient. Avec, en arrière-fond dans les oreilles d'Arnaud, le martellement caverneux du cœur dans sa poitrine. Comme l'écho grave et étouffé de bombardements qui s'éloignent peu à peu – mais jamais très loin. Jusqu'à ne laisser, en signe de leur passage, que le sourd grésillement d'une menace permanente.

12

13 NOVEMBRE 2015

Arnaud a toujours aimé le train. Comme l'avion, d'ailleurs. Il aime ce voyage passif, le postérieur calé au fond du siège et le paysage qui défile derrière la vitre. Il aime la douce torpeur qui le saisit, sa tête qui dodeline, bercée par le mouvement, le regard qui flotte, il aime cette parenthèse de rêverie indolente et d'immobilité mouvante. Il lui semble parfois qu'il pourrait passer sa vie là, dans un train, un avion, un bus filant sur des routes inconnues, à se laisser porter sans effort, dans un état de contemplation somnolente, vers des régions lointaines et fantasmées.

Il aime ça mais aujourd'hui, alors que le décor bâtard et familier de la banlieue se profile à travers la fenêtre, la lassitude le prend. Un sentiment gris et vague qui l'oppresse.

Peut-être qu'il n'aurait pas dû accepter de donner ces cours, dans le fond. Mais comment refuser une telle proposition ?

Initier au reportage des journalistes en herbe, retourner à l'École qui l'a formé et diplômé pour, à son tour, imprimer sa marque dans le parcours d'étudiants passionnés : non, ça ne se refuse pas. Du reste, Arnaud goûte beaucoup cette nouvelle activité. Tous les vendredis, il saute dans le train d'un pas alerte pour aller former un groupe de jeunes aux ficelles du métier, et leur prodiguer ses conseils avisés sur la méthode du grand reportage, issus de sa courte mais éloquente expérience. Les élèves sont vifs, bosseurs, débrouillards, très motivés pour la plupart. Et apprécient avoir devant eux un intervenant qui était à leur place il n'y a pas si longtemps, un ancien de l'ESJ qui a su, en quelques années, s'imposer dans ce milieu éminemment concurrentiel. Un modèle à suivre, en somme. Ce sont, du moins, les paroles flatteuses du directeur lorsqu'il a contacté le modèle en question. Mais Arnaud a aussi pu le constater par lui-même. Surpris, flatté et un brin anxieux de voir, en effet, la lueur dans les yeux de ces élèves, et puis tous ceux qui lui ont affirmé, accent de la sincérité à l'appui, aimer ses reportages et suivre avec le plus grand intérêt son travail. Il a réalisé soudain qu'il était devenu, pour ces apprentis reporters, l'une des personnalités inspirantes de sa génération.

Face aux attentes de jeunes pousses idéalistes, il faut tenir la mesure. Arnaud s'y efforce, chaque semaine. Il a concocté un programme qu'il imagine complet et suffisamment attrayant pour que les étudiants ne périssent pas d'ennui en cours de route. Pour l'heure, en tout cas, ça se passe plutôt bien. Il veille à mêler théorie et pratique, leur fait faire des exercices de terrain, agrémente ses interventions d'anecdotes personnelles et d'histoires vécues (enfin, presque). En réalité, il sait qu'il n'a pas grand-chose à leur apprendre : en matière de terrain, les élèves, de toute évidence, se débrouillent mieux que lui. Enfin, ça ne l'empêche pas de leur livrer des conseils qu'il serait bien en peine d'appliquer lui-même – il faut bien jouer le jeu. Ni de leur dérouler, comme il se doit, le b.a.-ba du grand reportage. Précepte 1 : avoir LA bonne idée, le bon angle qui vous distinguera des autres. Précepte 2 : être au plus près de la vie des gens. Faire preuve d'écoute et d'empathie, enregistrer tous les détails, même les plus anodins. C'est grâce à ces détails, leur explique Arnaud, ces minuscules fragments de réel, que votre enquête et ses personnages pourront prendre vie aux yeux des lecteurs. Précepte 3 : construire une bonne histoire. Assembler le réel en un tout cohérent, dégager un fil conducteur et s'y tenir, trouver une accroche et une chute. Un reportage n'est pas une brève, c'est un récit : ne l'oubliez pas. Mais attention ! Précepte 4 : les faits restent les faits. On ne les dénature pas. Notre travail, ça reste d'informer. On doit chercher et rapporter la vérité, fût-elle partielle et imparfaite.

Tunnel. Les immeubles gris laissent place au reflet d'Arnaud. Son visage las, les pupilles fixes, la tempe appuyée contre la vitre. Il ne peut s'empêcher de rejouer sa journée, de retracer le fil de cette mécanique implacable et trop bien huilée. Tout ça est presque trop facile. Personne ne se rend donc compte, personne pour le confronter ? Il faut croire que non. Il est crédible dans son rôle, et ça continue, *ad nauseam.*

Si seulement il avait des couilles, il serait honnête, et dispenserait son cours différemment. Précepte 1 : faire preuve d'imagination. Le réel brut est un aliment peu élégant et pas toujours digeste, n'hésitez pas à le transformer : il aura meilleur goût. Précepte 2 : Internet est votre meilleur ami. On y trouve tout, pour qui sait chercher. Déplacez-vous si vous voulez, histoire de tâter le terrain et planter le décor.

Mais pour le reste, croyez-moi : pas besoin de sortir de chez soi. Précepte 3 : rester prudent. Respectez malgré tout, autant que faire se peut, la saveur et les qualités nutritives du réel brut. Il ne faudrait pas qu'on vienne soupçonner l'ajout des rehausseurs de goût, n'est-ce pas. Fraîcheur et authenticité doivent être vos maîtres-mots. Pas d'apparat ni d'effets de manche trop appuyés : on reste sobre. Méthode : pas touche aux plus gros ingrédients, gardez votre imagination pour les condiments. Comment ça, c'est pas très clair ? Bon. En d'autres termes, pas de maquillage sur les principaux faits, ceux qu'on peut vérifier sans grande difficulté. La prise de risque inutile, on évite. Mais pour les détails, ces petits détails de la vie des gens, là, les enfants, on peut se faire plaisir. Brodez, créez, inventez. Vos récits n'en auront que plus de sel. Ça n'a l'air de rien, ces minuscules détails, mais c'est la charpente de votre histoire, les enfants. C'est grâce à eux qu'on croira à votre reportage, qu'il aura aux yeux de vos lecteurs l'accent de la vérité. Tenez, un exemple. Vous vous souvenez d'Adil, dans mon reportage à Nobl ? Le jeune Syrien de vingt-cinq ans qui écoute en boucle *Hurricane* de Bob Dylan à chaque bombardement ? Oui ? Bon. Eh ben, ça en jette, ça, non ? Ce n'est pas juste un jeune Syrien lambda, énième victime anonyme de la barbarie humaine. Non, c'est Adil, le fan de Bob Dylan, le mec qui fait hurler le chant rageur de *Hurricane* dans ses oreilles pour supporter cette barbarie. Ça vous plante un personnage, ça, quand même, vous trouvez pas ? En tout cas vous verrez, c'est imparable : les détails imaginés sont toujours ceux qui sonnent le plus vrai. Et puis enfin, un dernier conseil, les enfants. Précepte 4 : écrire ce que les gens ont envie de lire. Jouer sur l'insolite, insérer des anecdotes inattendues, saupoudrer de nuances, ok. Les récits trop lisses, c'est chiant comme la pluie. Mais attention, les enfants, attention. Quoi qu'il arrive, ne heurtez pas l'imagination de vos lecteurs. N'allez pas à l'encontre de leurs représentations, de leur regard sur votre sujet. Ou bien ils ne vous croiront pas.

Oui, si Arnaud avait des couilles, il leur livrerait sans états d'âme sa petite cuisine de l'imposture, ses techniques de faussaire bien rodées. Mais s'il avait des couilles, il n'en serait pas là. Pris dans cet engrenage sans issue. Cette machine infernale qu'il ne peut plus arrêter. C'est elle, toujours, qui est aux commandes, et il ne peut qu'obéir à son injonction unique, primaire : fais ce qu'on attend de toi, Arnaud Daguerre. Alors il joue à l'enseignant exemplaire – avec tant de conviction qu'il en vient à y croire lui-même. Pendant quelques heures, il se vit comme celui qu'il raconte ; il est le grand reporter intègre, pugnace et intrépide qui se reflète dans les yeux des étudiants. État de grâce qui ne dure jamais très longtemps. Chaque fois, dans le train qui le ramène à la vie réelle, il décuve ; à la griserie succède une somnolence poisseuse et fébrile.

Et aujourd'hui, bon sang, c'est carabiné. Pourquoi aujourd'hui, plus que d'habitude ? La journée s'est bien passée, rien de spécial à déclarer. Alors pourquoi ?

Sa chère et tendre dirait que c'est l'effet vendredi 13. La vie si réglée d'Adèle – elle qui se targue d'être une personne des plus rationnelles – est parsemée de manies fantaisistes et de prémonitions à l'objectivité douteuse. Et aujourd'hui, a-t-elle décrété ce matin, aujourd'hui serait une mauvaise journée. Non seulement c'est un vendredi 13, mais en outre – présage indiscutable – Ariane a eu le malheur de casser le mug jaune préféré de sa mère, celui qu'elle utilise à tous ses petits-déjeuners, seule garantie efficace d'une journée riche et lumineuse. Alors, ça va de soi, on peut s'attendre au pire.

Le train s'immobilise dans un grincement. Des vagues de voyageurs s'amassent le long du quai, se perdent dans la fourmilière de la gare du Nord, s'échappent par les sorties et les escaliers plongeant dans les entrailles du métro. Arnaud se mêle au flot, d'un pas lent et mécanique. Dehors, le ciel est pur, sans nuages, l'air du soir embaume encore l'été indien. Une belle journée, pourtant. Si belle, aux températures encore si douces qu'on ne se croirait pas à la mi-novembre. Non, ne pas écouter Adèle, ne pas écouter ses boyaux détraqués. Surtout ne pas penser à tout ça, tout ce magma nauséabond qui s'amoncelle quelque part dans les tréfonds de ses entrailles. C'était une belle journée, tout s'est bien passé, et il n'y a pas de raison que ça cesse. Ce soir c'est le début du week-end, un week-end qui s'annonce paisible et ensoleillé, il va rentrer à la maison, retrouver Adèle et les microbes qui sûrement dormiront déjà, s'affaler dans le canapé avec un Kessel et tout ira pour le mieux dans le meilleur des mondes douillets.

La fourche de la rue Lafayette, comme d'habitude, empeste la pisse et le shit. Arnaud accélère l'allure pour traverser la nuée de vendeurs de Marlboro à la sauvette, avant de bifurquer vers la gare de l'Est. Il a hâte de quitter la nasse grouillante de ces quartiers de transit et de trafic, pour retrouver l'animation branchée, le cosmopolitisme lissé du canal Saint-Martin, son cocon familier.

« Eh, salut mon grand, t'aurais cinq secondes ? »

Le type se dresse devant lui, efflanqué, l'œil un brin hagard.

Arnaud baisse la tête, gêné et marmonnant, non désolé, vraiment pas le temps, bon courage bonne soirée. L'autre ne bouge pas, un rire grinçant, corrosif, s'échappe de ses lèvres.

« Ouais, ouais. Toujours pareil. Ça a la thune mais jamais le temps. Et jamais ça nous regarde dans les yeux, nan. »

Bien visé. Arnaud tressaille, lève le regard pour croiser celui du type.

« C'est ça, mon grand, c'est bien. Ça fait pas mal, tu vois. De quoi t'as peur ? Que ça soit contagieux ? T'inquiète, va. C'est pas la lèpre. Regarde, je peux même te toucher, il t'arrivera rien. »

Il s'est approché, près, trop près. Son bras s'allonge dans un sursaut et il assène à Arnaud une tape sur l'épaule, avant d'éclater d'un nouveau rire métallique.

« Alors ? Ça te fait quoi ? Tu te sens changé, mon grand ? Que dalle. T'iras te regarder dans la glace, tu verras : toujours la même tête de bourge. C'est pas comme ça que ça se transmet, je te dis. Ni par le sang, d'ailleurs, hein. C'est pas le sida, ce truc. Alors si tu comptes sur tes darons pour faire bouclier ou quoi, mon grand, je peux te dire que tu te fourres le doigt dans l'œil jusque là où je pense. »

Le visage du type est si proche qu'Arnaud peut sentir son haleine chargée de bière et de tabac, voir le faisceau des rides sur ses joues creusées, les veines éclatées qui teintent le blanc de ses yeux. Des yeux qui le fixent, là, juste en face, à quelques centimètres. Arnaud et le type font la même taille, leurs nez se touchent presque, ils peuvent se regarder droit dans les pupilles sans que l'un d'entre eux n'ait à lever ou baisser le menton, et Arnaud regrette cette horizontalité troublante, il voudrait fuir cette proximité qui l'oppresse comme un air vicié. Mais pourtant il reste là, muet, en apnée, tandis que l'autre poursuit, docte et imperturbable :

« Parce que, mon grand, crois-moi : y'a personne qui est à l'abri de ce truc, personne. Ça peut te tomber dessus comme ça. Comme ça. D'abord tout doux, et puis bam ! Après tu peux plus rien faire. C'est tout. »

Dans un sursaut, Arnaud s'est dégagé. D'un geste brusque, convulsif. Échapper à cette haleine fétide. À ces mots asphyxiants. Il court presque, sans se retourner, tâchant de ne pas écouter la voix monocorde qui continue de le suivre. Effacer cette voix, oublier cet épisode, vite. À la benne, tout ça. Ses pieds martèlent le bitume, dévalent les escaliers de la rue d'Alsace. *Ça commence tout doux.* Ce n'est qu'un pauvre mec paumé et alcoolisé, Arnaud. Laisse tomber. Contente-toi de ressentir de la compassion pour lui, pour le reste lâche l'affaire. *Ça commence tout doux, et puis bam ! après tu peux plus rien faire.* Un pauvre mec, je te dis. Pas de quoi se laisser déstabiliser, c'est ridicule, bon sang. Il ne savait peut-être même pas de quoi il parlait. *Y'a personne qui est à l'abri de ce truc, personne.* Personne, non, et surtout pas lui, Arnaud Daguerre...

Il passe devant la rosace illuminée de la gare de l'Est, signe que les eaux calmes et les terrasses animées du canal ne sont plus très loin. Allez, plus que quelques centaines de mètres. Le monologue du type ne sera bientôt plus qu'un souvenir lointain, vague et halluciné. Peut-être, d'ailleurs, n'était-ce qu'une hallucination. Une pure projection de son imagination paranoïaque. Oui, c'est ça, tu es juste parano, Arnaud. Après tout, ce ne serait pas la première fois que son imagination lui joue des tours, que son esprit crée des situations, des voix, des personnages plus réels que la réalité. N'a-t-il pas passé son enfance en compagnie de Léonard, comme il consacre à présent ses journées à mener des interviews fictives, réaliser des voyages imaginaires et incarner des rôles plus vrais que nature ? Alors oui, il serait tout à fait capable d'avoir halluciné ce type. De la même façon qu'il sent, reclus dans ses confortables chambres d'hôtel du bon côté de la frontière, son ventre vibrer au bruit sourd des bombardements, et ses tympans se tordre au son des mitraillettes... mitraillettes ?!

Arnaud se fige au milieu du trottoir. Tu deviens fou, mon vieux, tu deviens fou. Pourquoi encore ces coups de feu dans ta tête, maintenant ? On n'est pas en reportage, là, ho ! Ressaisis-toi ! Et voilà que ça reprend, pourtant. Une nouvelle salve d'explosions sèches, hachées, déchirant la rumeur familière de la ville. Et puis des cris, au loin, des hurlements, un vent de panique diffuse qui arrache Arnaud de sa bulle de ruminations, et il rêve ou bien tous les gens autour se sont pétrifiés comme lui, l'œil inquiet et le corps en alerte ? Non, il ne rêve plus, pas à ce point, ou alors ça commence à devenir très inquiétant, et il est presque soulagé lorsqu'un passant se tourne vers lui et articule d'une voix blanche :

« C'était quoi, ça ? »

Avant que la réalité de l'événement, soudain, ne percute de plein fouet la conscience d'Arnaud. Et qu'une vague de terreur ne déferle sur ses épaules, glacée comme la vérité crue du monde, brûlante comme toutes les guerres qui ont peuplé ses rêves.

13

17 NOVEMBRE 2015

« Lé partis les méchants ? Papa ? Les méchants lé partis ? »

Troisième édition. Elle tourne en boucle, impossible d'y échapper. Jusqu'à présent, Arnaud a éludé la question. Mais Ariane le fixe de ses grands yeux couleur chocolat, avide de réponses à ses interrogations existentielles. D'habitude, celles-ci sont plutôt de l'ordre de « léou le chat ? » ou « pourquoi fé pas popo, nourse ? ». Depuis samedi matin, toutefois, l'Actualité s'est invitée dans son univers. Brutale et sombre. Bien qu'à trois ans, elle ne comprenne sans doute pas tous les tenants et aboutissants de la chose, Adèle a tenu à lui faire un petit topo à hauteur d'enfant – il n'est jamais trop tôt pour s'initier à la dureté du monde, affirme-t-elle, plus on s'endurcit précocement, plus on sera ensuite capable de mener le combat. Alors elle a pris Ariane sur ses genoux pour lui expliquer, tu vois ma chérie, les méchants sont venus, très méchants, ils ont tué des tas de gens, c'est pour ça que Papa et Maman sont tristes et tout le monde aussi, parce que des méchants ont tué des gens innocents qui ne faisaient rien d'autre que s'amuser.

De toute façon, même si Adèle n'avait pas entrepris cet exercice de pédagogie, Ariane aurait fini par comprendre que quelque chose ne tournait pas rond. D'abord ces coups de feu qui l'ont violemment tirée du sommeil, et puis les rues vides, ses parents à la mine lugubre, les visages d'inconnus en pleurs sur l'écran de télé, ces termes étranges qui reviennent en boucle, attentat, mort, terroriste, islamiste. Entre deux conversations monopolisées par l'événement, Arnaud a passé une partie du week-end au Miroir pour un conseil de guerre à la tonalité sépulcrale, tandis qu'Adèle met un point d'honneur à continuer de sortir comme si de rien n'était, tenant crânement d'une main la poussette de Martin et de l'autre la menotte d'Ariane. Laquelle, derrière son petit front plissé, paraît de fait tout aussi préoccupée que les adultes. Et l'heure du conte elle-même ne parvient pas à détourner son attention des *méchants* découverts à travers les mots de sa mère ; blottie contre Arnaud, délaissant avec un dédain non dissimulé le livre ouvert sur leurs genoux, elle attend de pied ferme une réponse.

Arnaud se sent souvent un peu pataud avec sa fille. Il ne sait pas trop comment se comporter face à cette petite chose agitée et en demande vorace d'affection. Sa parole est hésitante – doit-il lui parler avec des mots d'adulte, des mots d'enfant ? –, ses câlins maladroits. Pourtant, il adore être en sa compagnie, sentir son odeur lactée et le contact de son petit corps lové contre son ventre, entendre ses gazouillements fantaisistes dans un langage connu d'elle seule. Il adore voir dans son regard cette admiration éperdue pour son géniteur – elle nage encore en plein Œdipe, ça ne durera pas, il le sait, mais en attendant il en profite –, et surtout cette confiance, cet amour inconditionnels dont Arnaud se sent enveloppé comme dans une bulle de coton chaud. Mais il ne sait pas, il n'a pas appris.

Bien sûr, il y a tout de même eu quelques tapotements affectueux, des cheveux ébouriffés par une main chaleureuse, des lèvres sèches qui se sont posées sur sa joue, parfois. Les démonstrations physiques d'affection, néanmoins, on ne peut pas dire que la famille Daguerre s'en soit fait une spécialité. Le soir, de retour du tribunal, Anne Daguerre passait en coup de vent dans la chambre de son fils pour un baiser expéditif déposé comme un courrier administratif à la poste ; son père rentrait encore plus tard, et partait le matin avant huit heures, alors qu'Arnaud avait encore la tête dans son bol, saluant son rejeton d'un sobre « travaille bien ! ».

Il leur arrivait malgré tout, certains week-ends, de sortir en famille pour visiter un musée ou une exposition, écouter un concert, aller à l'opéra ou au théâtre. À la Comédie-Française, Arnaud se souvient avoir été ébloui par Cyrano de Bergerac, ce brillant poète devenu faussaire pour masquer sa faiblesse ; il en est ressorti avec des paillettes dans les yeux et un trouble inavouable au fond du cœur. À ses parents, il s'est contenté de murmurer qu'il avait bien aimé – opinion dont ils n'avaient, du reste, pas grand-chose à faire. Qu'il aime ou non, là n'était pas la question. Eux-mêmes ne parlaient pas ce langage ; leurs propres avis n'entraient pas en ligne de compte. Anne et Jean Daguerre semblaient aller au théâtre, à l'opéra et au musée avec leur fils comme on remplit sa liste de courses. Il y a des choses qu'il faut connaître, point.

Question de culture générale. Arnaud n'a jamais vraiment su s'ils prenaient ou non du plaisir à ces sorties familiales ; quelque chose entre eux sonnait toujours un peu faux. Son père restait guindé et un peu gauche, attentif à lui fournir des éléments de contextualisation et des explications détaillées qu'il jugeait nécessaires à la compréhension des œuvres, tandis que sa mère parcourait les salles de musée au pas de charge, pour les attendre tous les deux à la sortie avec une synthèse efficace et une impatience manifeste. Arnaud lui-même ne savait jamais trop quel comportement adopter. En général, il se bornait à suivre et à faire ce qu'il faisait tous les jours à l'école : faire semblant d'écouter et opiner sagement du chef, en laissant son esprit voguer à des années-lumière de là.

Malgré l'ennui qu'elles lui inspiraient souvent, Arnaud se cramponnait pourtant à ces sorties pédagogiques avec la vigueur d'un naufragé au bord de la noyade. Le reste du temps, ses parents n'étaient que des ombres abstraites, croisées au détour d'un jour férié ou d'un déjeuner dominical. Arnaud passait ses soirées de semaine avec des nounous interchangeables qui roulaient tous les deux ou trois ans, et l'intégralité de ses vacances ainsi que la plupart de ses week-ends à jouer en solitaire sous la supervision distante de ses grands-parents. Non pas que ce fût, en soi, des moments désagréables. Arnaud ne s'ennuyait jamais, dans sa solitude peuplée de journaux, de livres et de rêveries. Mais il lui semblait, parfois, que son cœur sonnait vide ; alors il redoublait d'efforts pour le remplir, tout seul, faute de mieux, le remplir de Léonards, de contrées lointaines et d'aventuriers sans peur.

Bien sûr, dans tout ça, il y eut quand même l'oncle Alban. Ça arrivait cinq ou six fois par an. Il débarquait en fanfare, toujours à Noël, le jour de son anniversaire, et à des dates aléatoires le reste de l'année. Arnaud entend encore son rire résonner dans le couloir, il revoit sa dégaine, sa silhouette haute et mince sanglée dans des costumes trois-pièces aux couleurs chamarrées, son dos un peu voûté et ses yeux encadrés de pattes d'oie. Il prenait Arnaud par la main et l'emmenait d'autorité dans son monde, sous le regard sévère et vaguement inquiet du frère aîné, fais attention à mon fils, Alban, je te connais alors je me permets de prévenir, je tiens à le récupérer indemne. L'oncle éclatait de rire, pas d'inquiétude, Jean, pas d'inquiétude, je te le rendrai sans dommage extérieur – ce qui n'était pas tout à fait de nature à rassurer son interlocuteur – et ils sortaient en trombe, vers une destination surprise. Il y a eu le Guignol au jardin du Luxembourg, le lèche-vitrines de Noël boulevard Haussmann, le Cirque d'Hiver ou encore le Harry's Bar, autant d'activités qu'Anne et Jean n'auraient pas jugées du meilleur goût (l'oncle a un jour, lors d'un repas familial, émis l'idée d'emmener Arnaud au Palace « pour lui apprendre la vraie vie » ; Jean Daguerre a manqué s'étouffer avec un haricot vert). Et puis aussi, un certain dimanche d'hiver, un spectacle de magie qui a subjugué Arnaud, au point de vouloir à son tour, un bref instant, devenir magicien. Il s'est toutefois bien gardé, en rentrant, de faire part à ses parents de ce nouveau plan de carrière ; il avait bien compris que ces derniers ne voyaient pas d'un très bon œil l'influence de l'oncle Alban dans son existence. Une certaine proximité liait pourtant son père et son oncle, nourrie d'accolades pudiques et de fragments de souvenirs partagés. Mais là semblait s'arrêter la complicité, aux frontières de l'enfance et d'une timide affection fraternelle. Au-delà, leurs chemins se séparaient, en deux voies inconciliables. Le plomb et l'air. Les racines et le ciel. Le travail et la frivolité, aurait dit le premier. Arnaud n'a jamais vraiment su à quoi l'oncle Alban employait ses journées – et cela, de toute évidence, constituait l'un des fondements du problème. Il avait bien demandé à son père, une fois, pour en avoir le cœur net. Il fait quoi, comme métier, oncle Alban ? Fumiste, avait-il répondu. Profession qui paraissait à Arnaud mystérieuse et séduisante, comme l'oncle Alban lui-même. Faire de la fumée, quel beau métier. Celle d'Alban prenait les formes les plus variées, des nuages de mots colorés, cumulus d'histoires loufoques, altostratus d'aventures abracadabrantes. L'oncle Alban, avec sa fumée, avait voyagé partout, il avait traversé le Pacifique à dos de raie manta (oublie les dauphins, mon cher neveu, ça manque de confort) et habité dans une montgolfière, acheté une villa au Sénégal pour y inviter Cary Grant et la princesse Diana, bu des cocktails asiatiques à base de vin de riz et de sang d'araignée (encore plus goûtu qu'un Bloody Mary, Arnaud, tu connais le Bloody Mary ?).

Et puis un jour, sans prévenir, ces nuages se sont dissipés. L'oncle et sa fumée se sont volatilisés dans les airs, et Arnaud ne les a plus revus. À ses interrogations, Anne et Jean n'ont répondu que par demi-mots allusifs. Oh, on ne sait pas. Tu sais comment est ton oncle. Toujours par monts et par vaux. Puis : il est parti. Où ça ? Parti. Arnaud a compris qu'il ne fallait plus poser de questions, et il n'en a jamais su davantage. Une seule chose lui a paru claire au fil des ans, c'est qu'Alban était mort. De quelle façon ? Une mort flamboyante, bien sûr, à son image. Tué par un gangster dans les bas-fonds new-yorkais, noyé par excès de whisky à la fin d'une soirée orgiaque sur un yacht en Méditerranée, victime d'un crash de montgolfière ou de deltaplane. Sous le voile de silence qui a recouvert son absence, tout était permis. Et il a bien fallu qu'Arnaud bricole son deuil avec des histoires.

Des histoires. C'est bien tout ce qu'il lui reste de l'oncle Alban, dans le fond. Des histoires. Arnaud revient à celle posé sur ses genoux, *Juliette a un petit frère*, une histoire de gamine aux boucles blondes qui n'est pas sans rappeler Ariane. Une lecture pédagogique, choisie par Adèle à titre préventif : tu comprends, je veux qu'elle *conscientise* le trauma causé par la naissance de son frère, je ne compte pas faire d'elle une Faustine-bis. Pour l'heure, toutefois, le traumatisme d'être subitement devenue sœur aînée ne semble pas préoccuper l'intéressée autant que « les méchants lé là acore ?? ouléparti ?... Papa ?! ».

Arnaud referme *Juliette a un petit frère*, regarde les grands yeux bruns et pensifs d'Ariane. Qu'aurait répondu l'oncle Alban à sa place ?

« Tu veux que je te raconte une histoire, Ariane ?

— Une histoire, oui !

— D'accord. Alors, euh... »

Dans quoi s'est-il fourré ?

« C'est l'histoire de... d'un garçon. Ce garçon, tu vois, il a un problème. Un gros problème. Son problème, c'est qu'il est tout nu.

— Tout nu ?! »

Gloussement de rigueur.

« Eh oui, complètement à p... enfin, complètement nu. Les pieds, le corps, la tête, tout. Et c'est un problème, parce que ce garçon, il a froid. Très froid. Il vit tout seul dans la forêt, c'est l'hiver, et il n'a rien à se mettre sur lui. Alors il grelotte, il tente de se réchauffer comme il peut. Mais ce n'est pas très efficace, forcément. »

Il se tait un instant, cherche ses mots. Sa fille continue de le fixer avec expectative, pas sûr qu'elle soit capable de tout suivre, mais bon tant pis, il continue :

« Et puis un jour, alors qu'il était sorti pour tenter de trouver quelque chose à manger, il croise un vieil homme. Très vieux, avec une grande barbe blanche...

— Comme le père Noël ?

— Comme le père Noël, exactement. C'était peut-être le père Noël, d'ailleurs, qu'est-ce qu'on en sait ? Le garçon, en tout cas, ne sait pas qui est ce vieil homme. Mais le vieil homme voit que le garçon est tout nu et transi de froid, alors il lui dit : mon garçon, veux-tu que je t'offre une solution pour te protéger du froid ? Bien sûr, Monsieur, répond le garçon. Alors le vieux lui explique : je vais t'apprendre à cultiver une plante magique, qui te protégera à jamais contre les vents glacials venus du nord. Cette plante s'appelle la croyance, et elle produit des très grandes feuilles dans lesquelles tu peux t'envelopper quand tu as froid : elles collent à ta peau et te réchauffent comme une fourrure. Si si, crois-moi. On en trouve parfois dans les sous-bois, des croyances sauvages, et sinon, c'est très simple à faire pousser, tu verras. Le garçon intrigué l'écoute attentivement, il prend les graines que le vieux lui offre et, de retour chez lui, il se met à suivre ses conseils. Et quelques mois plus tard, le voici avec son champ de croyances, un petit champ rempli de belles et grandes feuilles, toutes douces comme ton doudou Miko, tu vois... et donc le garçon fait comme le vieux lui a dit, il cueille les feuilles arrivées à maturité et s'enveloppe dedans. Et là ! Magie ! La sensation de froid disparaît instantanément. Ces grandes feuilles soyeuses adhèrent à sa peau et l'enveloppent d'une douce chaleur. À partir de ce jour, le garçon ne souffre plus du froid, et il se met à cultiver avec passion son champ de croyances. Il bêche, il arrose, il cueille, et rebelote. Avec amour. Avec dévotion. Jusqu'au jour où… jusqu'au jour où il voit, là, dans son champ… il voit quoi, à ton avis ?

— Les méchants ?!

— Euh, non. Enfin si… Enfin, il voit un homme. Debout dans son champ. *Son* précieux champ. Et ce type, devine quoi, ose marcher sur ses plants tous frais, piétiner ses chères croyances, il est là, il marche, tranquille, le nez en l'air, sans réaliser qu'il est en train de tuer les croyances d'un autre… Alors le garçon sort de chez lui, furax, et se met à crier : hé ho ! vous ne regardez pas où vous mettez les pieds ?! c'est mon champ, là ! c'est mon champ, et vous êtes en train de tuer mes plantes ! L'autre s'arrête, surpris, et puis il ricane. Comment ça, c'est votre champ ? c'est la forêt, ici. C'est à tout le monde. Alors je marche où je veux, et vous allez quand même pas faire un esclandre parce que je piétine vos feuilles de choux. Là-dessus, le garçon devient dingue. Comment l'étranger peut-il oser, oui, comment ? Et dans sa rage il sort son fusil. Il sort son fusil, l'autre rigole, ne prend pas au sérieux ce fou dingue, il refuse de bouger, par principe dit-il… et là, BAM ! le coup part. Direct. Mortel. L'homme tombe, raide mort, dans le champ de croyances. »

Ariane le fixe, bouche ouverte et yeux écarquillés. Oups. Cette histoire n'était peut-être pas tout à fait appropriée pour une mouflette de trois ans. Enfin tant pis, le mal est fait, autant aller jusqu'au bout :

« Il tombe, donc, l'étranger, et il se vide de son sang qui s'écoule dans les sillons et imprègne la terre. Le garçon se débarrasse du cadavre et reprend sa culture, il croit s'être ainsi débarrassé du problème mais... mais ses croyances sont mortes, étouffées par le corps et le sang. En cet hiver glacial, à son désespoir, plus aucune croyance ne parvient à pousser dans son champ. Et quelques mois plus tard, on retrouvera le garçon mort de froid, roulé en boule au milieu de son champ sinistré. »

Il adresse à sa fille pétrifiée un sourire assez peu adapté aux circonstances avant de conclure, d'un ton qui se veut guilleret :

« Voilà. Fin de l'histoire !

— ... et au lit ! »

Adèle a passé une tête dans l'embrasure de la porte, signe qu'il est bientôt vingt heures. Arnaud sursaute, *Juliette* et sa couverture pastel tombent de ses genoux, il se relève maladroitement, le rouge aux joues, allez ma puce t'as entendu Maman, vite au lit !, il s'agite dans le vide, borde Ariane d'un geste gauche et se trompe d'interrupteur.

Il ne sait pas ce qu'Adèle a entendu de ses élucubrations. Le moins possible, il espère. Pris la main dans le sac, saisit en flagrant délit d'invention : il voudrait effacer ce gênant épisode comme il tire le drap sur le petit corps ensommeillé de sa fille. Un étrange et désagréable sentiment de nudité l'a envahi ; l'impression d'être là, à poil et vulnérable, livré en pâture au regard de la femme qui pourtant partage sa vie.

Adèle retourne au salon, allume une nouvelle lampe au passage. L'appartement est rempli de ces petits luminaires diffusant une lumière chaude et *cosy*, tellement plus *cosy* que les plafonniers, quelle horreur ces trucs-là, pourquoi pas des néons tant qu'on y est ? Adèle accorde une très grande importante à la lumière. Arnaud d'ailleurs ne peut s'empêcher de la regarder avec ce sourire en coin, un peu moqueur, lorsqu'elle entre dans une pièce et allume systématiquement toutes les lampes. Oui, elle aime ça, cette chaleur jaune et ouatée qui la rassure. Qu'est-ce qu'il y a de mal à ça? Certes, ce n'est sans doute pas très économique, et puis? Elle gagne suffisamment bien sa vie pour pouvoir se le permettre, soit dit en passant. Car oui, elle aime le confort, aussi. Non pas qu'elle en soit très fière. Après tout, elle s'était rêvée en aventurière intrépide, ou en Mère Teresa du XXIe siècle. Elle avait fantasmé une vie de tentes boueuses derrière les barbelés d'un camp de réfugiés, de périples en 4x4 à travers la brousse et de favelas sans électricité. La réalité l'avait pourtant rattrapée, sa propre réalité: se faire un SMIC en consacrant son temps à construire des écoles au Congo Kinshasa, c'est bien pour les autres, beaucoup moins bien pour elle. Adèle en a conscience, elle aime trop les belles fringues, le thé Mariage Frères et ses ateliers d'œnologie du jeudi soir pour s'épanouir dans cette existence-là. Elle aime sa vie parisienne, le petit resto gastro recommandé par *lefooding.com*, le confort d'un chez-soi aménagé avec amour et bon goût. Elle aime l'inconfort choisi et temporaire du voyage, pour mieux retrouver son confort quotidien. Elle aime autant qu'elle hait le doux parfum de puissance flottant dans les couloirs feutrés des cabinets d'affaires, l'admiration qu'elle lit dans les yeux de tous ceux à qui elle déroule son CV. Elle aime les zéros de son relevé de comptes et déteste la fébrilité anxieuse avec laquelle elle verse, chaque mois, des sommes rondelettes à une liste tout aussi rondelette d'associations charitables. Elle déteste ses propres failles et ses contradictions, elle qui pourtant a fait de la contradiction son gagne-pain, et des failles de la loi son fonds de commerce. Ce choix de carrière dont elle se rengorge, elle a, dans le même temps, du mal à l'assumer ; et tous les jours elle doute, se repasse le film de ses décisions, la liste de ses convictions, hésite à tout recommencer, et puis l'angoisse la prend, elle n'en sera pas capable, non, pas du tout, faut être réaliste ma pauvre Adèle, tu n'es pas faite pour ça. Arnaud, lui, est fait pour ça : pas toi.

Elle se félicite, d'ailleurs, de l'avoir choisi lui, et non pas un de ces financiers fringants et cyniques qu'elle croise tous les jours au boulot. Dans ce choix-là, oui, elle a mis de ses convictions, plus que dans n'importe quelle autre des grandes décisions de sa vie.

Bon alors bien sûr, ça ne signifie pas que le gaillard soit dépourvu de défauts. Pour manier sa plus belle plume, ok, mais pour les compétences manuelles, on repassera. Exemple parmi d'autres, le miroir de la salle de bains qui attend depuis deux ans et demi d'être fixé au mur... si seulement Arnaud, un jour, daignait se bouger pour planter deux clous. D'ordinaire, c'est donc elle qui sort le mètre et le marteau ; mais cette fois-ci, par principe, elle a laissé le miroir posé sur la vasque, en attendant que ce cher monsieur prenne la chose en main. Ce qui, elle le sait, a peu de chances d'arriver dans les quarante prochaines années. D'une façon générale, on ne peut d'ailleurs pas dire que son homme soit force de proposition. En matière de management domestique comme d'organisation des vacances, Arnaud ne brille pas par son esprit d'initiative ; il se contente en général d'attendre avec la plus grande placidité que sa chère épouse lui propose un programme clefs en main. Ce qu'elle fait volontiers, même si elle apprécierait qu'il se montre un peu plus proactif. Surtout concernant la gestion des voyages : après tout, c'est censé être son domaine d'expertise, à lui le grand reporter. Pourtant, il manifeste rarement un enthousiasme débordant à l'idée de traverser la planète. Bon, c'est vrai que quand arrivent les vacances, il est fatigué, lui qui passe déjà le reste de l'année à vadrouiller partout. Adèle le comprend. Être confronté au risque onze mois sur douze, en définitive, ça rend presque pantouflard sur son temps libre... Elle le comprend, mais n'en ressent pas moins une certaine frustration : elle, le reste de l'année, elle trépigne dans ses bureaux ouatés, en rêvant du moment où elle pourra enfin attraper son sac de randonnée pour partir en trek dans la cordillère des Andes. Forcément, leurs fantasmes de vacances divergent un peu. Et Adèle a souvent dû ravaler ses ambitions devant le manque de coopération manifeste de son compagnon, choisissant les Pouilles plutôt que l'Annapurna, le Maroc plutôt que le Botswana. Mais se consolant lorsque dans les belles pages glacées du Miroir, chaque semaine, elle voit noir sur blanc ce nom, Arnaud Daguerre, surplomber un récit enflammé venu de l'autre côté des frontières. Qu'est-ce qu'elle aurait fait, oui, franchement, avec un contrôleur de gestion en cravate, si adepte soit-il des treks dans la cordillère des Andes entre le premier et le quinze août ?

Des pas font craquer le parquet du couloir, elle entend Arnaud s'approcher, lance à brûle-pourpoint :

« Ça a l'air top, Cuba. Ça ferait un trip de Noël sympa, t'en penses quoi ?

— Mmh ? Ouais, pourquoi pas, ouais. »

Le ton est vaporeux, il n'a écouté que d'une demi-oreille.

Il attrape un magazine sur la table basse, le feuillette distraitement. Dehors, Paris est d'un silence inhabituel. Peu de voitures, aucun éclat de voix venant du canal. Le bruit de la mort, et lui seul. Et puis les cliquetis du clavier d'Adèle, et Supertramp en fond qui tourne sur la platine rétro, *Rudy's on a train to nowhere, halfway down the line...* Il tourne une page, entend de nouveau la petite voix d'Ariane, *Papa léou les méchants ?*, et puis ces sons qu'il voudrait oublier, les cris et les coups de feu au loin, et ces paroles qui ne le quittent plus, *y'a personne qu'est à l'abri de ce truc, personne,* cette voix rauque insupportable qu'il ne parvient pas à sortir de sa tête, *ça commence tout doux*, il tourne une autre page d'un geste nerveux, *après tu peux plus rien faire,* bon sang mais qu'il se taise, qu'il se TAISE, *So dim the light, dark are your fears... et puis BAM !*

Arnaud se redresse d'un bond. Mais oui. C'est ça. Il l'a. Il l'a!

Adèle lève le nez de son écran pour lui jeter un œil un peu alarmé.

« Qu'est-ce qu'il y a ?

— Rien, rien. Un truc pour le boulot. Je viens d'y penser. »

Il prend un post-it et griffonne : *Rudy – parler Guillaume – conf lundi*. Avant de retourner à son canapé, un sourire de bienheureux flottant sur les lèvres.

14

17 NOVEMBRE 2015

Tout ça, c'est une histoire de fil. Des fils qui se tirent, se déroulent et se brodent, s'enroulent partout comme des tentacules, grimpent le long de ses jambes, enserrent son ventre et immobilisent ses poignets, remontent vers les épaules, le cou, et ils serrent, il ne peut plus bouger, plus respirer, pris au piège, enferré, pourtant ce n'était qu'un fil, un tout petit fil, léger et délicat, que ses doigts ont saisi, car il était là, plein de promesse, et cette promesse s'est retournée contre lui, il le comprend maintenant, maintenant qu'il étouffe, qu'il ne peut... plus... plus r...

Respirer !

Respire, Arnaud, respire. Bouge tes membres. L'un après l'autre. Voilà. Jambe droite, jambe gauche. Tout va bien. Tu peux bouger. Lève-toi.

À côté de lui, Adèle n'a pas bronché. Il entend sa respiration régulière, distingue dans la pénombre sa silhouette enfouie sous les draps, son dos et la masse de ses cheveux étalés sur l'oreiller. Elle ne moufte jamais lors de ses réveils nocturnes, sans qu'il soit capable de déterminer si elle dort réellement à poings fermés – harassée par ses journées de lapin Duracell – ou si elle fait semblant de ne rien entendre.

Quoi qu'il en soit, il s'extirpe du lit avec la plus grande prudence, pose un pied sur le sol, l'autre pied, se rassure de sentir sur sa peau le contact lisse du parquet. Parquet qui a le bon goût de ne pas trop craquer, comme Adèle a le bon goût de laisser Arnaud à ses insomnies.

Il aime le silence de l'appartement endormi. Cette solitude de l'obscurité qui lui donne l'impression – sans doute trompeuse – de pouvoir tout faire, d'être libéré des barrières.

Dans la cuisine, le frigo ronronne et les fenêtres diffusent la lointaine lueur jaune des réverbères. Arnaud bifurque vers le placard, en sort avec précaution le paquet de Prince. Au milieu du silence nocturne, le contact de ses dents avec le biscuit semble résonner dans sa tête, dans la pièce, faire trembler l'immeuble entier. Il en engloutit quatre, presque sans mâcher, le souffle court, l'oreille tendue vers le couloir. Avant de se détendre un peu, RAS à l'horizon sonore, comme toutes les nuits ou presque. Il n'a pas fait plus de bruit que d'habitude, et il n'y a pas plus de raisons que d'habitude pour qu'Adèle déboule dans la cuisine.

Malgré tout, l'alarme peine à s'éteindre – en fait, elle ne s'éteint jamais. Elle est toujours là, en vigilance constante, prête à chaque instant à faire hurler dans le cortex d'Arnaud sa sonnerie stridente. Il ne parvient pas à l'endormir, l'alarme, jamais. Même à coups de biscuits chocolatés.

Même aidé par le Dieu Internet et sa source infinie de distractions.

L'écran du téléphone projette dans la pièce sa lumière blanchâtre. Les articles défilent. *Le Monde, Le Figaro, Libération, Marianne, La Croix, L'Express, L'Obs, Le Parisien, Le Miroir*... Non, pas le Miroir, Arnaud. Ça suffit. Ça suffit, bon Dieu.

Mais le pouce glisse, hors de contrôle, voilà, trop tard, l'article apparaît. Et le pouce s'agite, fébrile, et les yeux d'Arnaud, pour la millionième fois sans doute, parcourent l'article, épluchent les commentaires, traquent la moindre référence, le moindre mot, le moindre signe, radar allumé, il ne peut pas s'en empêcher, il ne peut pas... Rien d'inquiétant, pourtant, rien qui puisse affoler l'alarme. Mais. Toujours mais. Les tireurs embusqués sont partout, et surtout là où on les attend le moins. Arnaud le sait, ils sont là, cachés quelque part, tout prêts à venir pulvériser Rudy.

Même si Rudy ne se laissera pas faire. Il est solide, Rudy, plus solide que les autres. Il a des contours nets, les deux pieds ancrés dans le sol et la tête dans les airs, comme celle d'Arnaud, du reste. Il a un cœur, une âme et un corps, plus que les autres, oui, sans aucun doute possible.

Rudy a d'ailleurs fait forte impression. Chez les confrères, d'abord. L'approbation bruyante de Guillaume : Arnaud, tu veux que je te dise, t'es un putain de reporter. Ton gars, là, bien joué, fallait le trouver ! L'approbation silencieuse de Philippe, la chaleur dans ses yeux, la tape fraternelle sur l'épaule, les invitations multipliées pour un café, un déj', des discussions à bâtons rompus sur le journalisme qu'il n'a pas, Arnaud le sait, avec les autres du service. Ces derniers en conçoivent-ils de la jalousie ? Difficile à dire. Ils ont, en tout cas, eux aussi aimé Rudy. Johanne : beau portrait, Arnaud ! Régis : ça, mon gars, c'est qui s'appelle éclairer un coin de réalité. *Good job*. Et du côté web, Pierre, Pierre le bourru, Pierre qui garde ses distances et dont Arnaud n'a jamais vraiment pu déchiffrer l'opinion à son égard, Pierre lui-même lui a glissé, au détour de la dernière conférence de rédac : c'est vrai, pas mal, ton Rudy. À ce point pas mal qu'il fut décidé, cas inédit, d'offrir à Rudy une double publication simultanée, web et papier.

Arnaud n'en croyait pas ses yeux. C'est l'angoisse au ventre – plus encore que d'habitude – qu'il avait rendu ce papier-là. Un niveau d'angoisse qu'il n'avait plus connu depuis longtemps ; un étau dans la poitrine.

Il faut dire que Rudy lui a, en grande partie, échappé. Jusqu'à présent, Arnaud avait le contrôle – ou à peu près. Il maniait d'une main adroite ses pantins de papier, attachés à ses doigts par un fil qu'il ne lâchait pas. Bien sûr, lesdits pantins manifestaient parfois – souvent – des velléités d'émancipation. Mais jusqu'alors, il avait toujours essayé de ne pas céder. Il les séquestrait dans un cadre strict, pas de fantaisie les cocos, on reste dans les clous : trop risqué sinon. On fait ce que font les vrais gens dans les vrais articles. On fait ce que les lecteurs attendent, ni plus ni moins. Et on discute pas ! Petits pantins prudents, inhibés, sous leurs oripeaux de réel, fades personnages maintenus sous la coupe despotique d'un créateur bien trop soucieux de plaire pour leur laisser la moindre voix.

Et puis, il y a eu Rudy. Lui s'est tout de suite imposé. Et tout de suite Arnaud a su qu'il n'était pas comme les autres, tous ces autres pantins composites qui peuplent ses articles, bric-à-brac opportuniste de bouts de réel raccommodés. Rudy, lui, est sorti de la glaise, d'un bloc, entier, comme une évidence.

Au début, malgré tout, Arnaud maîtrisait l'animal. Il lui a dit : tu seras djihadiste, mon fils. L'autre a dit ok, et ils ont scellé leur entente. Mais quand Arnaud a voulu l'affubler d'une famille musulmane, Rudy s'est mis à gueuler. Mon bonhomme, t'as vraiment rien pigé à l'affaire ! Arnaud a tenté la négociation. Oui Rudy, je *sais* que tes parents sont pas musulmans... mais tu comprends, c'est quand même plus crédible, enfin... Rudy fulminait. Enfin quoi ? Bah... fais pas le con, Rudy... tu sais très bien... dans ma situation, je peux pas me permettre, enfin, de... trop m'éloigner de... de ce que disent les autres... sinon, on me croira pas, on ira fouiller... tu vois ? Fuck ! a éructé Rudy qui ne voyait pas du tout. Ce que disent et pensent les autres, mon chou, je m'en cogne. Soit tu dis la putain de vérité sur mon compte, soit je me barre et tu fais sans moi, capito ? Arnaud était au bord du désespoir. Allez, Rudy, quoi... je t'ai vendu à Guillaume, moi... qu'est-ce que je peux faire sans toi ? Rudy a haussé les épaules. Tu te démerdes. J'ai autre chose à foutre que de jouer aux potiches de salon pour remplir tes feuilles de choux. Allez, tchao.

Inflexible, oui. Foutu Rudy. Et Arnaud a dû capituler. Il a laissé Rudy parler. Parler de sa bascule. Car c'est bien de ça qu'il s'agit. Cet instant imperceptible à partir duquel on commence à dérailler. Cette frontière invisible que l'on franchit, pas à pas, jusqu'à la folie. Jusqu'à la chute.

Pour Rudy, comme pour beaucoup, ça a commencé tout doux. Tout doux, d'ailleurs, c'est bien ça le problème. J'étais trop doux j'crois, trop sensible, Arnaud, tu vois ? Une vraie gonzesse. Tu m'effleures, ma peau pleure. Une sorte de pâte molle qui se laisse tripoter par la vie dans tous les sens, jusqu'à se sentir difforme. C'est ça mon drame, tu vois. Les gens, depuis que je suis parti dans le truc, ils cherchent à me psychanalyser, à chercher le traumatisme, genre le père violent ou la misère sociale, tout ça. Tu parles qu'ils trouvent rien. Ils cherchent pas au bon endroit, c'est tout. Là où faut chercher, c'est juste dans mon cœur tout mou. Voilà ce qu'il dit, Rudy. Voilà ce qu'Arnaud transcrit. L'histoire d'un gars ordinaire, sur le papier. Pas violent, pas délinquant. Juste un peu à l'ouest, un peu bancal. Pas du genre à initier les castagnes, oh non. Plutôt du genre à rester en solo dans un coin de préau. Un solitaire sur son nuage. Un tendre rempli d'eau qui s'écoule un peu trop le long de ses joues glabres. Ce n'est pas faute de vouloir retenir le flot : il essaye, toujours, sans jamais y parvenir. Et il se déteste pour ça. Il déteste cette enveloppe trop fragile qui se brise au moindre choc, il déteste cette peur permanente qui palpite en lui. Il voudrait la pulvériser, cette peur, la piétiner, lui cracher dessus, lui faire subir ce qu'il a lui-même vécu, un jour, à la sortie des cours, ces trois gars baraqués qui l'ont roué de coups avant de lui cracher à la figure un visqueux et nauséabond : *tafiole*. Oui, ravaler ses larmes et se débarrasser de cette putain d'enveloppe, devenir un roc et changer de camp, de bizut à vainqueur, d'esclave à conquérant. Un sac de boxe sera sa première victime. Cogner, cogner, cogner. Rudy sculpte son corps, durcit ses muscles à défaut de pouvoir durcir le reste, il frappe, seul face à son sac de boxe, il frappe de toute la force de son long corps mince, il frappe jusqu'à ce que ses jointures saignent ; et à travers le sac c'est le monde et lui-même qu'il étrille, ce lui-même haï dont il voudrait s'évader. Mais rien à faire, même dans son corps endurci, de son enveloppe trop tendre il reste prisonnier. Rudy ne lève la main que sur son sac de boxe, et continue de se laisser écraser. Seul contre tous, il est impuissant.

De plus en plus, pourtant, il serre les dents. Retient ses larmes. Et toute cette eau accumulée à l'intérieur de lui, par un phénomène étrange, commence à se minéraliser. À former dans ses tripes un bloc de pierre. Un bloc de rage. Contre lui-même. Contre cette caste à laquelle il rêve d'appartenir, celle des cœurs durs et des monarques insouciants. Contre ce monde dont il perçoit à chaque instant les tares, les failles et les incohérences. Ce monde qui chaque jour le dégoûte un peu plus, ce monde dont chaque jour il se soustrait davantage. Gamin, il se barricadait dans ses rêveries, créait des univers pour combler le vide béant de sa solitude. À mesure qu'il grandit, toutefois, ce vide croît lui aussi ; un trou noir qui l'absorbe, un gouffre qu'aucun rêve ne parvient plus à remplir. Ses études lui ont filé entre les doigts, le monde du travail ne lui sourit pas. Les filles non plus d'ailleurs, ou pas beaucoup, à peine quelques œillades qu'il distingue à travers les meurtrières de la forteresse de timidité dans laquelle il croupit. Incapable, incapable. Il passe le plus clair de ses journées dans les abysses d'internet, un dégueulis d'informations contradictoires, toute la noirceur du monde jetée à la gueule des âmes trop douillettes. Et Rudy se noie dans ce torrent, il se sent couler, il ne comprend pas, le monde est indéchiffrable et a depuis longtemps perdu son sens, et que peut-il faire, lui, Rudy, dans ce monde-là ? Rien, il ne peut rien faire, à part regarder, les bras ballants, ce monde brûler, se consumer à coups de surconsommation, crever à petits feux, monde obèse de jouissances, pourri jusqu'à la moelle.

Et puis un jour, un fil. Une porte ouverte vers le Salut.

Vidéo glanée au cours de ses pérégrinations virtuelles. Une, et puis deux, et puis trois. Autant de rais de lumière dans l'obscurité. Les choses enfin s'éclairent, Rudy *comprend.* Comprend ce que son intuition pressentait depuis longtemps. Comprend qu'il vit dans un univers faux, que tout n'est que mensonge. Mensonge, mensonge, mensonge. État social, mensonge. Philanthropie, mensonge. Tolérance, mensonge. Méritocratie, mensonge. Le voile se lève sur toutes ces couleuvres que les puissants, à longueur de journée, font avaler aux gens.

Mais Rudy comprend aussi, peu à peu, qu'il n'est pas seul. Pas autant qu'il le pensait. Il a des frères dans ce monde odieux. Le fil qu'il a tiré l'amène jusqu'à eux. Masse farouche et indomptable. Dépucelée de ses illusions. Et parée pour la guerre. Car le bloc de rage, face à tant de mensonges et tant de vacuité, se craquelle ; et sous sa surface durcie, c'est un torrent de lave qui ne demande qu'à sortir. Torrent de lave qui rejoint celui des autres, ces enragés, ces exclus du monde, ces piétinés assoiffés de revanche, pour ne former plus qu'un, une seule coulée de feu gigantesque partie ensevelir ce monde agonisant, afin de reconstruire sur ses ruines son exact contraire. Et Rudy lui-même, jour après jour, mois après mois, se sent devenir autre, sort enfin de sa prison, franchit les frontières étriquées de son être. Il se déleste du poids de son individualité pour fusionner avec ses frères, abandonne là cette solitude qu'il traîne comme un boulet depuis l'enfance. Il n'est plus un mais plusieurs, partie d'un tout dans lequel se fond, et c'est un soulagement sans nom. Pour la première fois de son existence il se sent puissant, invincible même, protégé par la masse qu'il forme avec les frères, protégé, aussi, pour la première fois, par la force des certitudes.

Au contact des frères, en effet, son vide s'est rempli de foi. Une foi pleine et entière, qui comble les trous, tricote des liens entre des événements qui n'en avaient pas, tisse une histoire autour de ces trous, apporte à ce bordel un semblant de cohérence, enfin. Enfin tout paraît clair. Compréhensible. Par la force de l'histoire, Rudy sait désormais où il va. Il sait où déverser sa rage, il sait que faire de ce bloc dans ses entrailles, il sait que de ce roc fragile il doit puiser ses forces, comme on extrait le pétrole des entrailles de la terre. Pour cette histoire on leur dit d'aller se battre, et Rudy applaudit des deux mains. Se battre. Lui, la prétendue tafiole, la carpette qui se laisse piétiner, lui le sensible et le timoré se découvre viril, à l'image de ceux qu'il a toujours enviés. Il apprend à manier les armes, il apprend la cruauté. Se battre. Se battre pour les croyants, se battre contre les mécréants. Cette troupe d'incroyants à laquelle il a honte d'avoir jadis appartenu, pauvres hères vides de foi, vides d'absolu, vides d'idéal. En se battant contre eux, c'est contre son ancienne peau qu'il se bat. Contre tout ce qu'il a détesté être.

Et ainsi le voilà, quelques mois plus tard, assis sur la banquette élimée d'une rame de métro bondée, une ceinture à explosifs plaquée contre son abdomen comme un fœtus dans le ventre d'une mère, une goutte de sueur coulant le long de sa tempe gauche. Dans trois minutes, ce sera la fin. On l'a choisi pour cet acte glorieux. Trois minutes. La sueur coule. Autour, des visages las aux yeux cernés. En face, un jeune garçon boutonneux aux traits doux, si recroquevillé dans son coin qu'il semble vouloir fusionner avec la fenêtre. Fenêtre qu'il regarde d'un air mélancolique entre deux brèves consultations de téléphone – avant de ranger de nouveau l'objet dans sa poche, la mine dépitée. L'œil de Rudy est absorbé par ce garçon. Et la sueur coule, coule. Deux minutes. Et soudain le garçon lève timidement la tête et leurs regards se croisent, un furtif et fatal instant. Le cœur de Rudy s'arrête – ou se remet à battre, il ne sait pas vraiment. Il détourne les yeux, vite, vite, ce n'est pas le moment, pas le moment – une minute – l'œil bifurque vers la fenêtre, et sur le fond noir du tunnel, quelqu'un le fixe, visage un peu hagard, encore presque enfantin, de l'effroi dans la prunelle : le gamin ! ou bien est-ce lui-même ? Rudy s'écarte violemment de la fenêtre, son cœur mou bat à tout rompre, bat à en arracher la ceinture d'explosifs – trente secondes – il se lève d'un bond, fonce dans le tas, se fraye un passage jalonné de cris courroucés et de coups de coude, c'est l'asphyxie, vingt secondes, il y est presque, dix secondes, les portes ont juste le temps de le cracher sur le quai avant de se refermer dans une sonnerie stridente, zéro seconde, c'est fini, c'est fini. Il n'a pas appuyé sur le bouton. Il n'appuiera pas. La bombe n'explosera jamais.

Et Rudy court, à travers les enfilades de couloirs, monte les marches quatre à quatre jusqu'à la sortie, court encore dans la rue, une fuite effrénée au milieu des passants, il court à en perdre haleine malgré le poids des explosifs toujours contre son ventre, il court jusqu'à une impasse déserte où il s'effondre, enfin. Et là, dit-il, j'ai chialé, Arnaud, j'ai chialé. Comme la tafiole que j'étais avant tout ça. J'ai chialé d'y avoir cru, d'avoir cru en la Vérité alors que c'était rien, que dalle, un mirage, et il a juste fallu une petite brèche pour que ça s'écroule comme un putain de château de sable. Je sais pas d'où c'est venu la brèche, je sais pas. J'ai eu la trouille, je crois. Un trou noir de trouille qui a tout fait péter.

Et Rudy alors se laisse couler. Sa vie elle-même, désormais, n'est plus qu'un trou noir. Depuis sa bascule, il a coupé tous les liens qui le retenaient à son existence d'avant. Trop tard pour y retourner, et pour dire quoi ? Qu'il s'est trompé ? Et pour faire quoi ? Dix ans de taule s'il ne s'est pas fait trucider par les frères entre-temps, puis se réinsérer, tenter de bosser ? Et puis quoi ? Il ne sait rien faire, à part rêver. Le mirage dissipé, il est retourné à sa solitude, et s'y est vautré. Il s'est exclu du monde avant que le monde ne l'exclue. Dans l'univers des marginaux de la rue, dans ce hors-monde des hommes sans abri ni identité, il se sent en sécurité. Bouffer, dormir, survivre. Plus rien à perdre, plus rien à gagner. Embrasser l'absurde, sans plus chercher de cohérence à ce grand merdier de la condition humaine. Être anonyme, se fondre avec le bitume. N'être plus qu'une histoire qu'on raconte, qu'on passe de main en main, n'être plus que Rudy, Rudy-tout-court, un personnage de conte dans lequel chacun, s'il le veut, peut trouver son propre reflet.

Et beaucoup, de fait, ont trouvé en Rudy leur reflet. Arnaud était loin d'anticiper un tel résultat.

« Rudy, un portrait plein d'humanité », « Du salafisme à la rue, histoire d'un révolté pas si marginal », « Dans l'empathie avec un terroriste ? Si, c'est possible », et le plus provocateur : « Nous sommes tous djihadistes », titrait Libé quelques jours après la parution. Rien à dire, chez les confrères, c'est la consécration. Et chez les autres aussi, Rudy a suscité une avalanche de commentaires : louanges arrosées de points d'exclamation, débats enflammés sur l'origine du terrorisme, désapprobations plus ou moins courtoises. Mais toujours rien, dans le lot, qui mette en doute l'existence de Rudy et l'intégrité du journaliste.

Malgré tout, Arnaud sait que la garde ne doit pas faiblir, jamais. Plus grande est sa visibilité, plus élevée la probabilité d'être démasqué : c'est mathématique. Et depuis une semaine, dans la solitude de ses insomnies, son radar s'agite comme un hamster fou.

Mais pour l'heure, Dieu soit loué, à l'ouest rien de nouveau. Il éteint son téléphone, gobe le dernier Prince. Puis referme soigneusement le paquet vide, et le remet au fond du placard. Il faudra penser à en racheter un demain, pour qu'Adèle ne se doute de rien. Même si bon, elle se doute forcément de quelque chose, bien qu'elle ne lui ait jamais fait de remarque sur les gâteaux. Des remarques sur sa ligne, en revanche, elle ne s'en prive pas.

Le parquet, de nouveau, se montre coopératif, et Arnaud peut atteindre le couloir sans trop de craquements. Le miroir l'attend dans le vestibule, éclairé par la lumière de la baie vitrée du salon. Il ne peut s'empêcher d'y jeter un bref coup d'œil. Face à lui, un type d'une trentaine d'années, aux yeux encadrés de cernes, un petit ventre pointant sous le T-shirt. Adèle n'a pas tort, pour sa ligne. Il passe avec dépit sa paume sur ses joues recouvertes de poils bruns. Rien à faire : même avec une barbe de trois jours, il aura toujours l'air désespérément propret.

« Ça c'est sûr, mon vieux. Tu ferais un aussi mauvais salafiste que SDF, je te le dis. »

La mine goguenarde de l'autre apparaît dans le miroir. Arnaud soupire.

« Ta gueule, Rudy. Qu'est-ce que t'en sais ? Je ne serais pas plus mauvais que toi, figure-toi.

— J'ai pas dit le contraire.

— Formidable. Et maintenant, dégage. J'en peux plus de toi. Ça fait une semaine, il est temps de laisser la place aux autres. »

Le rire de Rudy éclate dans le vestibule silencieux.

« Ah, les autres ! Parce qu'il y aura des autres ? »

Arnaud se raidit.

« Pas du tout, non. C'est pas ce que je voulais dire.

— C'est exactement ce que tu voulais dire. Et tu sais pourquoi ? »

Les yeux de Rudy brillent dans le fond du miroir, sa bouche s'étire sur son visage creusé.

« Parce qu'avec moi, mon chou, tu as basculé. »

15

1er JANVIER 2016

« Bonne année ! Puisse 2016 nous redonner un peu foi en l'Humanité... »

Faustine rit, un peu jaune.

« Oh, ça ! Moi, ça fait longtemps que j'ai laissé tomber.

— Je ne te crois pas.

— Libre à toi. »

Ils trinquent. Les verres s'entrechoquent dans un tintement. Arnaud vide le sien d'une traite. Le champagne lui monte délicieusement à la tête. Très bon champagne, merci Laurence et Jean-Claude Carle. Il sait pourtant qu'il a déjà un peu trop bu, à en juger par les regards que lui lançait Adèle pendant le dîner. Mais en attendant, il est toujours là, debout sur ses deux jambes, tandis qu'Adèle s'est écroulée à 23 h 20.

« On la réveille ou pas ?

— Pour ?

— Eh ben, elle a peut-être envie de fêter ça avec nous…

— Je pense surtout qu'elle a besoin de dormir. On peut se passer d'elle pour la fête. »

Faustine se retient d'ajouter qu'Arnaud aussi aurait sans doute besoin de dormir.

Un an qu'elle ne les avait pas vus, tous les deux, et elle ne les trouve pas dans une forme olympique. Elle n'est pas rentrée en France pendant toute son année italienne, absorbée par les trépidations de sa vie romaine et ses multiples tâches à la Galerie Borghèse. À peine a-t-elle eu le temps de prendre quelques nouvelles, de loin en loin – même en France, elle n'a de toute façon jamais entretenu une relation très régulière avec sa sœur, et s'en porte tout à fait bien. C'est par pur hasard qu'ils se sont retrouvés tous les cinq, cette année, à l'appartement de La Plagne. Rentrée il y a à peine trois semaines, elle n'avait pas de programme pour le Nouvel An, les parents rejoignaient des amis quelque part en Auvergne ; il y avait de la place à La Plagne, même si Adèle, Arnaud et les mômes avaient prévu d'y passer les vacances de Noël. Lorsque Faustine s'est étonnée que dans leur vie si mondaine ils n'aient pas d'autres plans pour le réveillon, Adèle a rétorqué d'un ton sec que parmi la multitude d'invitations, aucune ne les avait particulièrement emballés. Faustine pense surtout qu'elle est complètement crevée depuis la naissance de Martin, sans vouloir l'avouer. Et c'est ainsi qu'ils se sont retrouvés tous les trois, après que les enfants furent couchés – Ariane, petite peste au visage d'ange qui ressemble un peu trop à sa mère, Martin, bébé placide qui enchaîne les infections virales mais a le bon goût de bien faire ses nuits – à partager une raclette dont Adèle n'a touché que la salade et deux pommes de terre bouillies, avant d'aller aux toilettes pour ne pas revenir. Ils l'ont retrouvée une demi-heure plus tard, allongée en travers du lit et dormant à poings fermés.

Arnaud se ressert une coupe de champagne. Faustine l'observe.

« Elle est fatiguée, non ? Adèle ?

— Je ne savais pas que tu te préoccupais de sa santé.

— Je ne savais pas que tu pouvais être acerbe. Je t'ai toujours connu beaucoup trop courtois. »

Peut-être pas avec de l'alcool dans le nez, ceci dit. Arnaud a toujours eu la descente facile, mais ce soir il n'y va pas de main morte.

Il hausse les épaules, éludant la remarque.

« Bien sûr qu'elle est fatiguée, Adèle. Toujours en mouvement, toujours à mener quarante activités de front. La signification du mot *repos,* je ne crois pas qu'elle connaisse.

— J'imagine qu'elle a aussi toute la maison à gérer, si tu es souvent en déplacement.

— Il y a ça aussi, bien sûr. C'est pas facile, d'être une femme de reporter.

— Et être reporter, c'est facile ? »

Il hésite, un pli pensif apparaît entre ses sourcils.

« Pas toujours. Pas pour tout le monde.

— Et pour toi ? »

Il ne répond pas, s'absorbe dans la contemplation de son verre. Elle se fait la remarque qu'ils ne se connaissent pas, dans le fond. Ils n'ont jamais passé autant de temps en tête à tête, sans Adèle. De cet homme assis à côté d'elle sur le canapé d'un appartement savoyard, Faustine connaît très peu de choses. Et une partie du peu qu'elle pensait connaître ne lui paraît plus si certaine. Ce n'est plus tout à fait le Arnaud qu'elle connaissait – croyait connaître – il y a un an. Peut-être est-ce la barbe de trois jours, les cheveux en broussaille, les quelques kilos en plus qui lui donnent cette impression. Peut-être est-ce les yeux cernés, brillants de fatigue, la nervosité qui affleure davantage sous la surface affable. Quoi qu'il en soit, il semble moins lisse, moins sous contrôle. Comme si quelque chose en lui s'était fendillé. Ça ne le rend d'ailleurs que plus attirant à ses yeux, elle qui n'aime rien tant que la faiblesse et les failles.

Elle se demande d'où vient la fêlure. Problèmes de couple ? Ils ont l'air un peu crispé, tous les deux. Depuis qu'elle est arrivée, il ne s'est pas passé un jour sans qu'Adèle fasse une remarque à Arnaud sur son alimentation, ce qui irrite manifestement l'intéressé, même s'il se contente de ronger son frein en silence. À propos, Faustine ferait bien remarquer à sa sœur qu'elle-même n'est pas un modèle en la matière, et qu'elle ferait bien de se remplumer un peu – Adèle se dessèche autant que son mec s'empâte, c'est assez intéressant à observer. Surtout, au-delà de ce point de crispation anecdotique, une distance presque imperceptible semble s'être creusée entre eux. Pas de la froideur, non, pas du tout – plutôt comme si chacun d'eux était enfermé dans sa bulle, deux bulles qui ne communiquent pas vraiment. Enfin, c'est ce que Faustine croit discerner. Mais elle connaît trop bien sa propension à extrapoler sur de microscopiques détails, à projeter son imaginaire sur d'infimes fragments de réalité, pour ne pas se méfier de ses propres interprétations. Prudence, donc.

« Toi non plus, d'ailleurs, t'as pas l'air de péter la forme.

— Ah bon ?

— T'as l'air fatigué, ouais. »

Une expression inquiète teinte le visage d'Arnaud.

« Ça se voit beaucoup ?

— Pourquoi, ça t'inquiète que ça puisse se voir ?

— Non, non. Simple curiosité. »

Faustine éclate de rire.

« Vous êtes vraiment graves, tous les deux. Bouffés par l'orgueil. À jouer les stoïques en permanence... Ça vous arracherait un rein d'avouer que vous êtes lessivés, stressés, que vous avez des soucis qui vous rongent le cerveau, comme tout le monde. Parce que oui, vous êtes au courant que tout le monde, parfois, a envie de dire stop, de mettre sa vie sur pause et de cracher sa Valda, ou d'hiberner un petit coup ?

— À toi aussi, ça t'arrive ?

— Évidemment. Ça arrive à tout être humain normalement constitué, Arnaud Daguerre. »

Et est-ce que ça arrive aux êtres humains normalement constitués d'être hantés par des Rudy de papier ? De construire leur existence sur l'imposture ? De ne pas être ceux que tout le monde croit ? Sans doute pas. Non, les soucis qui lui rongent son cerveau à lui, Arnaud, sont d'un autre ordre. De l'ordre des êtres anormalement constitués.

Ils restent là, côte à côte, dans un silence pensif, aussi cotonneux que la neige qui enveloppe le logement. La maison s'est assoupie, et dans la douce chaleur de l'alcool et de cet intérieur en bois clair, décoré par Laurence avec son soin coutumier, Arnaud se sent alangui. Prêt à se laisser fondre sur le canapé molletonné.

Si seulement. Si seulement il pouvait lâcher le contrôle, désamorcer l'alarme. Si seulement il pouvait cracher sa Valda, comme dit Faustine. Se décharger de ce poids qui pèse sur ses épaules chaque jour davantage, lourd, si lourd, plus lourd que son estomac rempli de raclette, de champagne et de vin de Savoie. Si seulement. Dire à quelqu'un : je suis malade.

Je suis fou je crois. Aidez-moi. Oui, tout avouer, tout confesser, ranger son mal dans des mots et le sortir de lui-même, enfin. Il n'en peut plus de tout ça. Il n'en peut plus de ce tête-à-tête suffoquant avec ses mensonges. De l'air, par pitié, éteignez les chandelles, non pas toi Rudy, je t'ai pas sonné... De l'air !

Faustine leur ressert du champagne. Arnaud fixe la main osseuse de sa belle-sœur, puis son visage, plus doux que d'ordinaire, ce soir. Ou bien est-ce une illusion d'optique ? Ils se connaissent si peu, dans le fond. De longues discussions sur l'art et la société à chaque réunion de famille, très peu d'échanges intimes. Pourtant, et malgré la distance sardonique que Faustine entretient à son égard comme à celui d'Adèle, Arnaud a toujours eu l'impression étrange qu'elle pouvait le comprendre, mieux que toute autre personne de son entourage. Sans doute est-ce sa façon de cerner d'emblée, en chacun, les failles et les défauts, là où d'autres ne voient que les qualités. Ou bien son détachement souverain vis-à-vis de toute idée de perfection. Aucune médiocrité ni excentricité ne semblent lui faire hausser le sourcil, et les tares les plus spectaculaires sont celles qui obtiennent le plus facilement sa clémence.

Alors peut-être, *peut-être*... peut-être qu'elle pourrait comprendre ? Peut-être... mais non. Personne ne peut comprendre, personne. D'ailleurs, personne ne doit savoir. Personne, Arnaud ! Quel sort crois-tu qu'on réserve aux faussaires dans ce monde-là ? Alors, ferme-la. Chut. Pas un mot. Pas un mot ! Oui mais... juste une fois... une toute petite fois... vider son sac, se débarrasser du boulet. Se sentir un peu plus léger, un peu moins seul. Une fois dans sa vie, connaître la sensation du partage, le vrai. Juste une fois, lâcher le contrôle, se laisser aller à la douce chimère d'être écouté, d'être compris, de ne pas être jugé. Juste une fois...

Sous l'effet du champagne, le cerveau de Faustine pétille. Elle savoure la présence d'Arnaud à ses côtés, rien que pour elle, pour une fois. Leurs cuisses se frôlent, elle peut sentir son odeur, voir les cheveux bruns qui bouclent sur sa nuque, pourrait même les toucher.

Dire qu'on la pense asexuelle – c'est ce que lui a sorti Adèle, un jour. Si elle savait. Les autres, Adèle comprise, pensent toujours que ce qu'on ne montre pas, ce dont on ne parle pas, n'existe pas. Fatale erreur. Elle, Faustine, sait ce que les comportements humains doivent à ces vies invisibles, à tout ce qu'on n'exprime pas – et que les artistes, eux seuls, depuis des siècles, s'échinent à représenter. Sa vie sentimentale et sexuelle est de cet ordre : invisible. Et donc forcément palpitante, comme tout ce qui relève des eaux troubles du secret. Les eaux troubles, c'est bien l'une des seules choses qui l'intéressent en ce bas monde. Elle sait les flairer à des kilomètres. Et en ce moment, elle les sent chez Arnaud, à plein nez. Il reste là, mutique, buvant son champagne à coups de gorgées généreuses, le visage froncé de ceux qui se trouvent en proie à une intense lutte intérieure.

Déjà plusieurs années qu'elle le soupçonnait de ne pas être aussi propre que son apparence le laisse supposer. Son attitude présente confirme cette vieille intuition. Non, Arnaud Daguerre n'est pas le gendre idéal ni le mari modèle. Trop timide, trop rêveur, et surtout trop soucieux de plaire, Arnaud Daguerre. Comme Adèle, les mêmes, rongés par le regard des autres, dévorés par le désir d'être admirés. Comment peut-on aussi mal s'assortir, bon Dieu, c'est pas croyable – pauvres gosses, avec un tel patrimoine génétique, paix à leur âme. Cette propension des humains à être attirés vers leurs propres tares, comme à la recherche d'un miroir grossissant, est tout de même curieuse. Elle-même, Faustine, n'est d'ailleurs pas exempte de cette tendance un brin malsaine. Seuls l'attirent ceux qui, comme elle, ont une quantité respectable de squelettes planqués dans leurs placards. Arnaud Daguerre, je te vois ! Car elle en est sûre, oui, de plus en plus sûre maintenant, cet homme a des choses un peu sales à cacher.

En y réfléchissant, Faustine a une idée assez précise de ce qui peut le torturer. Un grand reporter à succès, beau gosse, fatalement courtisé, sur les routes une grande partie du temps, et incapable de résister à son désir de plaire : cocktail explosif. Évidemment, ce n'est pas lui, timoré comme un manche à balai, qui irait à la rencontre de la tentation. Mais elle est partout, la tentation. Hommes ou femmes, qu'importe. On le séduit, il ne peut refuser. Trop peur du rejet pour être capable de rejeter lui-même. Mais bien sûr. Ça ne peut être que ça. Et en bon chrétien bien élevé, les remords le prennent à la gorge, après chaque méfait. Il a honte. Il se promet que la prochaine fois, il résistera. Et il replonge à chaque nouvelle offre. Ah, Arnaud, Arnaud. Tristement banal, mais néanmoins touchant.

Faustine adore les histoires de ce genre, elle adore les remords, les situations compliquées et les circonvolutions de l'âme.

Son cœur tambourine, il est en apnée. Il cherche ses mots, le bon mot, la bonne façon de commencer l'histoire, de dire l'indicible, d'avouer l'inavouable. Faustine, je suis malade. Pas ça Arnaud, enfin, elle va croire que t'as la grippe... Bon, Faustine, je ne suis pas... je ne suis pas journaliste. Je suis un imposteur. Non, trop brutal. Faustine, il y a des trous dans ma tête. Depuis l'enfance. Des trous, oui. Et mon cerveau s'échappe par les trous, et je ne peux pas... je n'arrive pas... jamais... à coller à la réalité, tu vois ? Non, elle ne verra pas. Hermétique, Arnaud, hermétique. Fais simple. Faustine, je dois t'avouer un truc. J'ai peur de tout, même de mon ombre. Je suis payé pour oser, mais je n'ose jamais. Alors, depuis des années, j'ai dû contourner. Et c'est le début de la fin... Oui, pas mal, ça, pas mal. Tu tiens un truc. Allez mon vieux, lance-toi.

Ses mains moites collent à la coupe de champagne, il sent ses joues brûlantes sous la barbe, l'envie de vomir et le cœur qui cogne contre ses tempes, il retient sa respiration, tourne la tête et ouvre la bouche...

Et les mots se noient dans un gargouillis. Avant même qu'il n'ait eu le temps de réagir, il sent, stupéfait, les lèvres de Faustine contre les siennes, sa langue qui explore et la main contre son torse. Il reste là, tétanisé, avant de s'écarter dans un soubresaut, de détourner la tête et d'enlever, d'un geste un peu brusque, la main qui descendait vers son ventre.

Les joues de Faustine ont pris une teinte rosée. Elle replonge le nez dans son verre et marmonne, d'une voix ayant retrouvé ses accents grinçants :

« Je me suis trompée. Je pensais que tu étais moins sage que ça. Mais non, tu es bien le gentil garçon honnête que tu prétends être. Un bon point pour ton intégrité, 10/10, Arnaud Daguerre. »

Et un silence poisseux de gêne les enveloppe tous les deux, alors qu'ils finissent, sans un mot et en évitant soigneusement de se regarder, les dernières gouttes de champagne.

16

12 JANVIER 2016

Le téléphone le nargue sur le bureau. Objet honni. Arnaud prend une large inspiration, le saisit, se jette à l'eau. Ou presque. Encore un faux départ. Allez courage, mon vieux, courage. Il a honte de voir sa main trembler, de sentir son cœur battre la chamade. Ridicule, franchement. C'est pas la mer à boire, allez.

Il empoigne de nouveau le téléphone, cette fois d'une main plus ferme, déterminée. Une main virile. Il compose le numéro en retenant sa respiration. La sonnerie résonne dans son oreille. Longtemps. Il en vient à espérer que ça continue de sonner ainsi dans le vide, que son interlocuteur ne réponde pas et qu'il puisse raccrocher en toute bonne conscience, avec la certitude tranquille d'être tout de même allé au bout de la démarche. Oui, ça serait bien. D'ailleurs ça sonne déjà depuis plusieurs longues secondes, c'est peine perdue sans doute, peut-être vaut-il mieux raccrocher dès mainten...

« Allô ? »

Eh merde. Le cœur d'Arnaud fait un looping.

« Allô, monsieur... Masikita ?

— Oui.

— Oui, bonjour Monsieur, je suis Arnaud Daguerre, je... je vous contacte sur les conseils de madame Borie, de l'Ofpra, qui m'a transmis vos coordonnées. »

Silence.

« Monsieur ?... Vous m'entendez ?

— Oui. »

Loquace.

Arnaud débite le speech répété moult fois dans la solitude de sa salle de bains :

« En effet, je suis journaliste, grand reporter au Miroir, et je réalise un reportage consacré au parcours des demandeurs d'asile en France. Est-ce que vous accepteriez, dans ce cadre, de partager votre expérience d'ancien demandeur d'asile ? »

Pas de trou, pas de bafouille : Arnaud est plutôt fier de lui. Tu vois, mon vieux, quand tu veux...

Au bout du fil, son interlocuteur se contente d'un laconique :

« Quand ?

— Euh, eh bien quand vous voulez... Enfin, le plus tôt possible, quand même... Enfin, dans la mesure de vos disponibilités, bien sûr, mais si ça peut être maintenant, en fait, ce serait le mieux, enfin si ça ne vous dérange pas, évidemment... »

Nouveau silence interminable, puis :

« Ça va être compliqué. »

Arnaud sent la panique le gagner, il s'empresse de battre le fer – ne pas lâcher, Arnaud, ne surtout pas lâcher, c'est ta dernière chance, ne l'oublie pas :

« Je vous rassure, ce ne sera pas long, hein, vraiment pas long, le but n'est pas que ce soit contraignant pour vous, pas du tout, au contraire », il s'agite avec l'énergie du désespoir, « juste quelques petites questions rapides sur votre propre expérience, ça nous serait d'une grande aide et permettrait de sensibiliser nos lecteurs sur cette problématique méconnue, vous voyez... »

Arguments qui ne semblent pas convaincre l'autre, lequel continue de marmonner :

« Compliqué, compliqué. Une autre fois.

— Ah, bon. Je... je comprends. D'accord. Eh bien, merci quand même, Monsieur. Très bonne journée. »

Fin de la conversation.

Arnaud repose le téléphone, se masse les globes oculaires avec exaspération.

Bravo Arnaud, magnifique. Belle performance. Vous n'avez pas envie de m'aider ? Ah d'accord, merci beaucoup Monsieur, très bonne journée. Pugnacité : 10/10.

« Tout va bien, mon vieux ? »

Il sursaute. À quelques mètres, Régis le regarde. Sans expression particulière. Simple marque d'attention entre collègues. Enfin, Arnaud l'espère.

« Ouais ouais, ça va. »

Il lui adresse un sourire qui se veut rassurant, pointe le téléphone du menton.

« Juste un gamin malade à la maison... Gastro a priori. Mais bon, sa mère est avec lui, donc ça va.

— Ah, les joies d'être père de famille ! Courage, mon pote. Et puis repose-toi quand même un peu, hein. T'as pas l'air en forme depuis quelque temps.

— Un peu fatigué en ce moment, ouais. Mais ça va passer.

— C'est qu'on a un boulot éreintant. Alors faut parfois savoir ménager un peu la monture ! Allez, à tout'. »

Sur ce, il voit avec soulagement la silhouette de Régis s'éloigner et disparaître, avalée par l'ascenseur. Il s'était pourtant isolé dans le coin de couloir le plus désert du Miroir, et il a quand même fallu que Régis passe par là. Heureusement, il n'a pas été témoin de son fiasco téléphonique.

Arnaud se repasse, avec une consternation croissante, le film de cette brève et lamentable conversation. Encore un coche loupé, encore un. Et uniquement par sa faute, une fois de plus. Il aurait dû être plus frontal, plus persuasif. Commencer d'emblée à poser ses questions, sans attendre poliment que l'autre lui donne son autorisation. C'est ce qu'aurait fait un vrai reporter. C'est ce qu'il aurait fait s'il avait eu plus d'expérience, s'il avait pris la peine, depuis dix ans, de faire travailler ce muscle de la prise de contact qui se développe chez tous les journalistes dignes de ce nom. Il n'était déjà pas bien saillant à la base, ce muscle, mais Arnaud constate qu'au fil des années d'inactivité, il s'est atrophié encore davantage. Et voilà le résultat.

Il tente de se composer un visage apaisé, de dérider son front, de détendre ses traits, avant de regagner les bureaux. On lui dit souvent qu'il a l'air fatigué ces derniers temps, et il ne voudrait pas qu'on lui pose trop de questions, fussent-elles d'une parfaite pureté d'intention.

Cette récente tendance de son corps à échapper à son contrôle n'est pas sans l'inquiéter. Il avait l'habitude, jusqu'alors, d'évoluer en Dorian Gray immarcescible ; son corps offrait aux regards extérieurs une enveloppe vierge de tout soupçon, sur laquelle nul ne pouvait lire le moindre péché. L'étendue de ses angoisses restait indécelable sur son visage, sa silhouette svelte excluait toute suspicion de mauvaise hygiène de vie. Il faut croire que le passage de la trentaine a changé la donne. Son corps, son fidèle complice d'illusion, commence à le trahir, il laisse apparaître son anxiété par des traits tirés, ses excès alimentaires par une prise de poids. Ce traître, ce salaud déloyal.

À moins que le corps n'y soit pour rien, que ce soient ses angoisses et ses tares qui, en prenant une nouvelle ampleur, se mettent à déborder ? Perspective encore plus inquiétante. Arnaud sait bien qu'avec Rudy, sa maladie illusionniste a franchi un nouveau pallier – et ses angoisses aussi, de façon concomitante. Il sait bien qu'il ne peut pas continuer comme ça. Trop risqué, trop lourd à porter. Il a bien vu il y a quelques semaines, au Nouvel An avec Faustine, qu'il était au bord du craquage, au bord de commettre l'irréparable, de tout avouer, de se griller auprès de sa belle-sœur pour l'éternité – prêt à tout pour alléger un peu la charge, rien qu'un instant. Il n'ose imaginer les conséquences s'il était passé à l'acte. La vie est bien faite, en fin de compte. N'empêche que ce n'est plus possible.

C'est pourquoi il a pris, cette fois, la meilleure des résolutions. Écrire un article *honnête*. Le premier de sa carrière, sans doute. Cette fois pas de broderies, pas d'entourloupe. Les faits, rien que les faits. Nus. Crus. Sobres. Dans toute leur plate réalité. Et tant pis si ce n'est pas glamour, tant pis si ça manque d'émotion, de rythme, de profondeur. Cette fois, il se l'est promis, il résistera à la tentation. Coûte que coûte.

Il retrouve son poste, dans l'indifférence généralisée des collègues absorbés par leurs propres écrans. Sur celui d'Arnaud, un chétif brouillon troué de points d'interrogation, censé être converti, d'ici ce soir, en un palpitant reportage à la sauce Daguerre. Censé. Faire du plein avec du vide, sans ajout extérieur, sans rehausseur de goût : équation impossible. Le voilà revenu des années en arrière, quand, jeune et timide reporter, il s'évertuait encore à coller au plus près du réel, avant qu'il ne s'enhardisse, qu'il ne laisse ses personnages vivre et sa plume s'envoler. Une régression, oui, assurément. Mais une régression vertueuse, n'est-ce pas ?

Un mot. Puis deux. Puis une phrase, laborieuse. Les mots s'enchaînent avec effort. Un collier de graviers, gris et ternes, rugueux, austères. Arnaud porte sa pierre, il éprouve sa pénitence. Allez mon vieux, encore un, oui c'est ça, c'est moche mais honnête, très bien, continue, hisse et ho... Les données s'agrègent en une morne plaine : synthèse de la procédure de demande d'asile en France, explications complémentaires de madame Béatrice Borie, responsable à l'Ofpra – ses mots à *elle,* Arnaud, rien que ses mots, pas un de plus, tu m'entends ? pas un ! –, rappel des grands événements liés à la crise migratoire.

Arnaud examine son œuvre avec consternation. C'est plat et sec comme le désert de Gobi, froid comme un traité administratif. Où est la chair, la chaleur, où est l'incarnation, bordel ? Où sont les *gens* ? Il sent dans son cou le souffle acide de Rudy, il sent son irritation contenue. Les gens, ils sont là où t'es pas allé les voir, mon petit Nono. Dans la rue, comme moi. Son souffle se rapproche. Si tu m'écoutes, je pourrais t'en parler, moi, de ces gens, bien mieux que cette pouffiasse de l'Ofpra. Arnaud se raidit. Non, Rudy, j'ai dit non. Pas de ça, cette fois. Regard méprisant de Rudy. Et tu comptes faire comment alors, mon chou, avec tes quinze pauvres lignes péniblement étirées ? Faudra bien remplir ça de vie, de bitume souillé et d'humanité crado, si tu veux que tes feuillets aient le moindre intérêt.

La gorge d'Arnaud se serre. Quinze pauvres lignes, oui. Manquent encore quelque 3 000 signes pour que son article soit présentable. Il se prend la tête dans les mains, doigts comme des griffes serrées autour de son crâne. Un bouclier contre les griffes de Rudy. J'en connais, moi, de ces gens... tiens par exemple, mon pote Jahan, qui crèche à la Chapelle. Six mois de périple depuis Kandahar en passant par la route des Balkans. Tout ça pour une tente Quechua, du crack et un vieux réchaud en bordure de périph'. Et pourtant crois-moi, il continue de boire l'espoir, au goutte-à-goutte, d'inhaler ses rêves qui partent en fumée, il n'a plus que ça, la fumée au milieu de la boue et parfois ça suffit pour faire tenir un homme. Il t'intéresse, hein, Jahan, pas vrai ? Avoue ? Je peux te le faire rencontrer... il peut te raconter... Non ! Stop ! STOP ! Putain ! Pas besoin de Jahan, et encore moins besoin de toi, Rudy. On va se démerder autrement. Et comment, autrement ? On va diluer. C'est tout.

Diluer. Délayer. S'attarder sur la description des locaux de l'Ofpra, du visage de madame Borie, des quelques silhouettes croisées au détour des couloirs. Peindre ces groupes, de loin, massés sous les rails du métro aérien. S'appesantir sur les détails géopolitiques des événements passés. Racler les fonds de bocaux, les fonds de tiroir, les fonds de sa mémoire. Faire taire Rudy qui continue de grogner dans son coin. Et mettre le point final, enfin. Sans envol, sans fierté – mais avec l'infini soulagement d'avoir, pour une fois, réussi à brider les fourbes égarements de son cerveau troué.

17

19 JANVIER 2016

Dans un vrombissement familier, la machine à café vomit son liquide marron au fond du gobelet d'Arnaud. Cinquième de la matinée. Double sucre.

À côté, Johanne et Vincent discutent des mérites respectifs du thé et du café. Arnaud les écoute d'une oreille distraite en remuant le contenu de son gobelet. Se sentir concerné par les conversations lui demande un effort croissant. Il lui semble que son esprit se détache peu à peu, s'évade à travers les trous de son cerveau, bien qu'il s'échine à le ligoter au monde réel et tangible du temps présent. Un travail de forçat qui l'épuise, de plus en plus.

Johanne, de sa voix grave, d'une rocaillerie non dénuée de charme, explique avoir développé une addiction au thé noir depuis son tout premier séjour en Tchétchénie, il y a plus de quinze ans.

« Là-bas ils en sirotent toute la journée. Au début ça t'arrache le palais tellement c'est fort et amer, et puis très vite tu peux plus t'en passer. »

Vincent hausse les épaules.

« Ouais, comme le café, quoi.

— Sauf que la façon de boire est très différente. Le café c'est le truc que t'avales d'une traite, un shot de caféine, alors que le thé, ça se savoure, tu vois. C'est la boisson de la lenteur. Ça infuse lentement, ça se boit lentement, longuement... »

Vincent voit l'idée. Mais enfin lui, sa préférence va sans conteste au shot de caféine, rapide, dense, efficace.

Johanne se tourne vers son autre confrère, au regard absent.

Il a l'air à l'ouest, Arnaud, en ce moment. Fatigué. Et par conséquent, encore moins loquace qu'à l'ordinaire. En temps normal, ce n'est pas pour déplaire à Johanne ; elle aime ce côté calme et silencieux de son collègue, sa capacité à écouter plus qu'à parler, à la différence de quelques grandes gueules qui peuplent la rédaction, ceux – elle ne nommera personne – qui rentrent de reportage en roulant des mécaniques et clamant sur tous les toits leurs prouesses largement romancées. Elle voudrait bien les voir sur le terrain, ceux-là. Pas sûre qu'ils fassent tant les fiers. En fait, ils n'ont rien compris à l'affaire. Ils n'ont pas compris que c'est en étant silencieux et en sachant écouter qu'on est le plus efficace. Ils devraient prendre de la graine d'Arnaud Daguerre !

Elle lui sourit :

« Et toi Arnaud ? Team thé ou café ? »

Arnaud revient péniblement à la conversation. Hein, quoi ? Thé ou café ?

Le thé, boisson de la lenteur... Arnaud se sent très thé, depuis un certain temps. Le métabolisme qui ralentit, le besoin de lâcher les rênes, de sortir du tourbillon frénétique de l'actualité pour voguer sur les eaux profondes du temps long. Alors que dans sa poitrine, son cœur joue à la Bossa Nova, le reste semble épouser une valse lente, de plus en plus lente, une valse en trois temps au rythme des bruits sourds du monde. Dans l'ouragan des *breaking news* et des *lives* actualisés minute par minute, dans le torrent de l'information en continu et des shots de caféine, Arnaud se sent devenir samovar, il sent qu'il doit laisser le monde infuser en lui, jusqu'à ce que ses feuilles gorgées s'ouvrent comme des pétales.

Il regarde le fond de son gobelet, avale les dernières gouttes et lâche :

« Je crois que je préfère le café. »

Une voix de stentor éclate à l'autre bout du couloir :

« Ça va les fonctionnaires, on vous dérange pas trop ? Ça bosse dur, je vois ! »

Johanne plante tranquillement son regard dans celui du boss qui les rejoint de son pas de bulldozer.

« Relax Guillaume, on n'est pas des machines.

— Si vous en êtes, j'espère au moins que vous êtes plus performants que celle-ci. Il est infect, ce café. De la pisse de phacochère. »

Ce qui ne l'empêche pas de s'en servir un gobelet à son tour, dont il descend le contenu en trois gorgées accompagnées d'une grimace.

« Répugnant. Bon allez, au boulot les machines. Moi compris. Arnaud, je peux te parler cinq minutes ? »

La main d'Arnaud écrase le gobelet dans un spasme nerveux. Il s'empresse de le jeter à la poubelle avant de suivre Guillaume reparti au pas de charge.

Le rédacteur en chef ferme derrière eux la porte du bureau et va droit au but :

« Bon, Arnaud. Pas terrible, ton article, hein. »

Arnaud reste coi. Attendant, figé, le reste de la sentence.

« Tu nous as habitués à bien mieux. Là, franchement, c'est... plat. Du prémâché, de la langue de bois administrative. On s'emmerde. Et puis surtout, c'était pas le sujet initial ! Le pitch, c'était bien " vivre en migrant à Paris ", oui ou non ?

— C'était ça, oui... Mais...

— Et là, ils sont où nos migrants ? Ceux qui campent à la Chapelle ? C'est eux qu'on a envie de voir et d'entendre, bordel, pas ta madame Trucmuche de l'Ofpra-machin ! »

Arnaud parvient à articuler, d'une voix un peu étranglée :

« C'est que...

— C'est que quoi ? »

Guillaume le fixe, sourcils froncés, sévère.

« C'est que je... j'ai pas pu, enfin... Ils sont pas si faciles d'accès, les migrants...

— Comment ça ?

— Je... ils ne veulent pas parler, ils... enfin, faut trouver le bon réseau, la bonne porte d'entrée, et...

— Et alors ?

— J'ai pas réussi à en choper un seul, Guillaume, je te jure. »

Haussement de sourcils de Guillaume.

« Pas réussi ? Tu me prends pour une poire, Arnaud Daguerre ? Tu nous dégotes des militants du Hezbollah au fin fond de la Syrie, le meilleur pote d'enfance de Julian Assange et un SDF terroriste repenti, et voilà que tu bloques devant une poignée de gars qui fument leur crack sur les bords d'autoroute à moins de cinq kilomètres d'ici ? Tu me feras pas avaler des couleuvres pareilles, mon grand. Je pense surtout que cette fois t'as pas beaucoup essayé, ouais. »

Arnaud ne le détrompe pas. Il demeure silencieux, tassé sur sa chaise, les épaules rentrées, comme écrasé sous le regard de Guillaume. Un regard dans lequel il voit son propre reflet – les yeux cernés, les traits tirés, bouffis, un piteux reflet, oui. Et le visage de Guillaume soudain s'adoucit, il soupire et poursuit :

« T'es pas dedans, là, mon vieux. On voit bien que tu traverses une mauvaise passe, t'as pas la tête dans le boulot, ça se voit. C'est quoi, des soucis avec ta nana ? »

Arnaud ne peut retenir un mouvement de surprise. D'où ça sort, ça ? Guillaume prend l'air perspicace.

« Allez, on voit bien depuis plusieurs jours que tu vas te planquer à l'autre bout des couloirs pour passer tes appels. On n'est pas cons ici, tu sais, on est journalistes... Je connais bien ce scénario. Et je sais à quel point ça peut prendre la tête. J'étais dans le même état il y a dix ans, avant qu'on se sépare avec Nadia... Donc, non pas que je veuille me mêler de ta vie privée, mais je peux comprendre, tu sais. »

Arnaud ouvre la bouche, la referme. *Je peux comprendre, tu sais.* Non, Guillaume ne peut pas comprendre. Personne ne peut comprendre, à vrai dire.

Il esquisse un demi-sourire gêné.

« C'est vrai qu'en ce moment, c'est... c'est un peu compliqué, depuis la naissance du petit. Enfin, tu comprends. Mais je suis désolé, Guillaume, vraiment. C'est qu'une mauvaise passe, je vais me remettre au boulot à partir de maintenant, je te promets. »

Guillaume, ravi d'avoir visé juste, accueille cette promesse d'un hochement de tête rempli de mansuétude.

« T'inquiète, va. On verra ce qu'on peut faire pour ton papelard. D'ici là repose-toi, prends les bonnes décisions et quelques jours de vacances entre potes si nécessaire – ça peut aider, crois-moi. Et reprends vite du poil de la bête. On a besoin d'Arnaud Daguerre ici. »

Il le congédie d'une tape sur l'épaule et Arnaud reprend le chemin du couloir. Un étrange soulagement l'a envahi, il sent ses épaules délestées, son pas plus léger. Ainsi donc, c'est officiel : il n'a pas le choix. Il est condamné à l'affabulation, condamné à la fiction, à perpétuité.

Faute de pouvoir s'en évader, il peut donc désormais travailler, en toute quiétude, au confort de sa cellule d'imposteur.

18

23 MARS 2016

Rien n'a changé, ici, depuis plus de trente ans. Toujours ce même tapis rouge grenat, cette même ambiance feutrée, la rampe cirée, le craquement des marches et l'odeur du bois vernis, les lourdes portes fermées sur les enfilades d'appartements à moulures et cheminées. Une immuabilité rassurante autant qu'oppressante.

Arnaud bataille avec la poussette de Martin tandis qu'Ariane, d'un pas assuré, ne les a pas attendus pour s'engouffrer dans l'escalier. Il marmonne un vague « une minute, Ariane » à l'autorité moyennement convaincante, davantage occupé à se dépêtrer du débouclage de la ceinture de sécurité saucissonnant Martin à son engin à roulettes dernier cri. Quelle idée, d'avoir acheté ce machin. C'est bien du Adèle tout craché, ça, pourquoi faire simple quand on peut se procurer le plus sophistiqué – et résultat des courses, on passe dix minutes à décrypter le fonctionnement d'une simple ceinture. Tous les mercredis c'est la même rengaine. Même si Adèle objecterait sans doute que c'est lui qui ne sait rien faire de ses dix doigts, qu'elle est on ne peut plus simple d'utilisation cette poussette.

La longue silhouette droite d'Anne Daguerre les attend sur le palier. Sur elle non plus, pas davantage que sur la cage d'escalier, le temps n'a pas de réelle emprise. Mais ses petits-enfants semblent l'adoucir un peu. Sa main caresse la petite tête blonde d'Ariane qui en arrivant s'est cramponnée avec fougue à sa jambe droite, elle prend Martin des bras maladroits d'Arnaud et dépose un bisou sur la joue rebondie du bébé. Autant de gestes qu'elle n'a pas eus avec son fils, aussi loin que remonte la mémoire de ce dernier.

« Papa n'est pas là ?

— Réunion du Rotary. Il nous rejoindra plus tard. On va aller voir l'expo photo du Luco, ça te dit Ariane, l'expo photo ? »

Ariane n'a aucune idée de ce qu'est une expo photo, mais n'importe quelle proposition de Mamie Anne susciterait le même glapissement d'approbation.

« Et comment va Adèle ? »

Un « à toute vitesse » déboule au bord des lèvres d'Arnaud, qui le ravale pour se contenter de :

« Elle va bien.

— Et toi, le travail ?

— Ça va. Très bien. »

Le travail. Y a-t-il autre chose qui l'intéresse à son sujet ? Lui demandera-t-elle un jour, par exemple, tout simplement, comment il se sent ? Même là, sans aucun doute, il répondrait : ça va. Il n'a jamais échangé grand-chose de plus avec ses parents ; leurs relations commencent et s'arrêtent à la frontière de ce « ça va ». Une ligne Maginot de la bienséance familiale.

Il prend congé avant que le silence ne se remplisse d'échanges courtois et descend les escaliers quatre à quatre. Dans la rue, l'air doux du mois de mars lui caresse le visage. Ce visage que sa mère n'a pas caressé de la main, ni même du regard. Il perçoit à ce dernier, à ses œillades teintées depuis quelques mois d'une désapprobation subtile, qu'elle n'est pas une franche *afficionada* de la barbe de trois jours, et son père encore moins. Même s'ils ne l'expriment pas ouvertement. Ils doivent se dire, après mûre réflexion, que c'est un code de son milieu, que la pilosité faciale fait partie intégrante de la panoplie de journaliste. Et tant qu'Arnaud joue son rôle, endosse son costume de la tête aux pieds, tout va bien.

Le soleil lèche la pierre blonde des immeubles. Il est encore tôt, Arnaud a le temps de descendre à pied jusqu'à l'avenue Émile Zola. Ses pas le conduisent le long de ces rues étroites et calmes, rue de Grenelle, rue de Bourgogne, rue de l'Université, ces rues à l'élégance aristocratique qui furent le décor de son enfance. Une enfance de bourge, comme Faustine aime à le lui rappeler. Il lui fait remarquer, en retour, qu'elle-même ne vient pas précisément de la plèbe ; mais elle adore le ramener à sa condition de privilégié, sachant très bien l'inconfort mental que cette condition suscite en lui.

Depuis le Nouvel An, sa belle-sœur s'est de nouveau barricadée derrière son sarcasme. La porte qui s'était entrouverte s'est illico refermée, et tous deux sont revenus à leurs rôles initiaux – l'ironie mordante face à la réserve polie. Ils n'ont plus tenté le moindre rapprochement, s'appliquant plutôt à se fuir, à fuir le fond de gêne qui, depuis ce regrettable épisode, continue de se glisser dans toutes leurs interactions. Et c'est sans doute mieux comme ça.

Du reste, Faustine se trompe. Ce monde de bourges dans lequel il a baigné toute sa vie, ce monde si familier et pourtant si lointain, il n'y a jamais vraiment appartenu. Mais à quel monde appartiens-tu, alors, Arnaud Daguerre ? À aucun, peut-être.

Mais si. Mais si. À ce monde-là, celui qui se dresse maintenant devant ses yeux, à l'embouchure des sages rues du 7ᵉ. Le monde des invalides.

Il ralentit la cadence, ne peut s'empêcher de jeter un œil, comme toujours, comme tous les touristes alentour, au dôme doré qui surplombe l'esplanade de sa silhouette altière. Tant d'apparat, une enveloppe si fastueuse pour des impotents : cette dissonance l'a toujours troublé. Enfant, lors de sa traversée quotidienne de l'esplanade, son regard était attiré vers ce dôme par un étrange magnétisme, jusqu'à en oublier les autres passants, les feux rouges à respecter et les crottes de chien à éviter. Il achevait invariablement la traversée avec les remontrances de la nounou du moment et un soulagement mâtiné de regret. Les Invalides. Derrière l'or de la coupole, derrière les lignes claires et rigoureuses de la façade, Arnaud voyait une galerie de gueules cassées, visages simiesques et couturés, des corps infirmes et informes, estropiés, disloqués, à la démarche tâtonnante, corps titubant, rampant, harnachés de métal et de bois, béquillés, corsetés, prothésés. Il voyait cette triste troupe, ce cortège de pantins ridicules et tragiques, et il savait que lui aussi, d'une certaine façon, en faisait partie. Que lui aussi était infirme, dysfonctionnel. Invalide.

Mais ça, personne ne devait le savoir. Personne. Il avait

compris que les impotents n'étaient acceptés que s'ils soignaient leur façade, cachaient leur infirmité sous les dorures ; alors il s'appliquait. S'applique toujours. Il n'a jamais cessé de recouvrir de feuilles d'or sa peau d'homme défaillant. C'est ce qu'Arnaud réalise, maintenant, en traversant l'esplanade dans ses chaussures d'adulte.

Et puis revoilà le rire grinçant de Rudy, quoi, t'as cru que t'allais y échapper mon gars ? Moi aussi j'y ai cru, tiens. Sauf que non, t'y échapperas pas, crois-moi ! Et c'est pas tes pauvres cache-misères qui y changeront grand-chose. Un jour ils sauront, tous. Un jour tu pourras plus te planquer. Moi aussi, mon gars, j'ai essayé. La planque par noyade dans une masse qui t'avale, la planque par cette gloire éternelle de mes deux qu'on te promet. Et pis au final voilà où j'en suis, c'est beau, hein ! Gloire aux invalides ! Alors te fourre pas le doigt dans l'œil, mon chou : quoi que tu fasses, t'es seul avec ton carafon troué. L'oublie pas. Sinon ce sont les autres qui te le rappelleront, t'en fais pas.

Arnaud serre les dents, serre le poing, accélère la cadence, ta gueule Rudy, ta gueule, ta gueule ! Ils sauront pas, non, jamais ! Jamais, tu m'entends ? Il traverse en furie le reste de l'esplanade, ta gueule Rudy ! ta gueule !, saisit au vol le regard outré d'une élégante mamie en duffle-coat bordeaux. Le rouge lui monte aux joues, et voilà, première étape, passer pour un fou forcené aux yeux des passants, reprends-toi Arnaud bon sang – et, d'une démarche à peine plus calme, il continue sa fuite en silence, sa fuite du monde des invalides.

19

19 SEPTEMBRE 2016

Ils sont arrivés en France, enfin. Le voyage fut rude, semé d'embûches, leurs corps sont éreintés. Mais ils ont réussi. Le bout du périple. Ils ont traversé des frontières, traversé les mers, manqué mourir, dix fois, vingt fois. Ils ont tenu bon, cramponnés comme à une fragile bouée de sauvetage à leur rêve d'Eldorado. Ils ont tenu bon en se racontant toujours la même histoire, ils ont tenu bon grâce au récit mythifié de ces terres de Cocagne, cette histoire qui pendant ces longs mois a irrigué leur sang, tari leurs larmes, galvanisé leur énergie. Une ruée vers l'Ouest que personne ne saurait entraver, la soif inextinguible d'un ailleurs plus riche et pacifié. Les voilà. Meurtris, endurcis. Mais vivants. Mais soulagés. Ils ne savent pas encore ce qui les attend en Eldorado.

Ils sont arrivés à Nice par la frontière italienne, petite troupe basanée sur la promenade des Anglais. La Méditerranée cache sous sa robe bleu azur sa nature de plus grand cimetière du monde. Bientôt ils la quitteront, elle qui a bien failli les happer, pour monter vers le nord, vers les froides terres franciliennes. Là, Jahan et les autres connaîtront une autre odyssée, peut-être encore plus cruelle : celle des couloirs de la bureaucratie. Ils devront louvoyer entre les tentacules de l'État, s'orienter au cœur d'un labyrinthe impitoyable, éviter la noyade juridique. L'histoire qu'ils s'étaient racontée s'effritera au contact de ces hauts murs, se heurtera à cette barrière infranchissable, jusqu'à la dislocation. Ils en ramasseront les débris maculés de boue au bord d'une bretelle d'autoroute, en lisière de périphérique. Et ils se raccrocheront à ces brisures de rêve, désespérément, tout pour ne pas retourner sur leurs pas, dans leur propre passé, là-bas en Afghanistan.

Mais d'abord, ils rencontreront Rudy. Rudy qui…

« *Hello. On peut se parler 5 mn stp ?* »

Le message a surgi sur l'écran. Pierre.

Arnaud accueille la demande avec la mauvaise humeur qui sied à ce type d'intrusion. Sa bulle de concentration a éclaté dans un *plop* ; il n'avait aucune envie de quitter Rudy, Jahan et les autres, mais maintenant voilà, ils lui ont échappé, et Arnaud ne sait pas où ils en seront lorsqu'il les retrouvera. Tant pis.

Il abandonne la quinzaine d'onglets ouverts sur Google, autant de voyages parallèles, et prend la route du *Miroir.fr*. Dans l'ascenseur, son esprit repart vers la petite troupe d'exilés. Des rues de Kandahar aux trottoirs de Paris, il s'est engagé à suivre leur périple. Depuis six mois, il fait des allers-retours pour rejoindre, au gré des moyens de communication, ses migrants de papier au Pakistan, sur la côte turque, dans les Balkans ou au fin fond des Alpes italiennes. Un épisode par étape, publié conjointement dans le magazine et sur la Toile. Guillaume et Philippe ont adoré, les lecteurs réclament des nouvelles de ces migrants si attachants, s'inquiètent pour eux et s'indignent à leur place. Et Arnaud, lui, a vite redoré son blason quelque peu écorné par le fiasco de sa tentative d'honnêteté. La série touche maintenant à sa fin, il faut la conclure en beauté, ce qui n'est pas une mince affaire ; mais Rudy, de toute évidence, saura l'aider.

Pierre lève la tête à son arrivée.

« Tu voulais me parler ?

— En effet. On a reçu ça ce matin. Tu peux m'expliquer ? »

Sur l'écran, un mail. Quelques lignes. Arnaud les parcourt rapidement du regard, se fige. Un hurlement strident lui transperce le crâne. L'alarme s'est remise en route, elle qui était en veille depuis trop longtemps. Et une vague de panique enfle dans sa poitrine, un tsunami de terreur, il réfléchit à toute vitesse, tente de se recomposer un visage, de neutraliser sa voix, souffle Arnaud, souffle, respire... Il hausse les sourcils, articule :

« Je ne comprends pas...

— C'est simple. Ces gens, là, cette asso, *Terre refuge*, tu les as rencontrés, oui ou non ?

— Ben évidemment... En Sicile il y a deux mois, ils m'ont accordé plusieurs interviews, on a cohabité pendant trois jours... Je les cite dans mon article !

— C'est bien ça le problème. Puisqu'eux, a priori, ne gardent aucun souvenir de toi.

— Pierre, je te jure que je ne comprends pas. Ça doit être un canular, comme il y en a à la pelle... Un type qui s'ennuie et qui joue au troll... »

Le doute flotte dans l'œil de Pierre. Arnaud se sent en voie de liquéfaction.

« Écoute, si tu ne me crois pas, je peux te montrer les mails qu'on a échangés avant ma venue. »

Silence. Une fraction de seconde, l'espoir d'une main qui balaye l'air, un peu lasse, mais nan c'est bon t'inquiète, je te crois. Et puis non :

« Ok. Je veux bien.

— Ça marche, je... pas de souci. Enfin, j'espère que je vais les retrouver, parce que... ça fait longtemps, mais... donne-moi juste un peu de temps, et je te retrouve ça. »

Vertige. Le martèlement du cœur, assourdissant, un tambour de bataille dans le ventre, dans la tête, dans les oreilles, jusqu'à n'entendre plus rien d'autre, juste cette percussion funeste au milieu de la brume, tout le reste est flou, lointain, tremblant comme un mirage. Et puis son souffle saccadé, la vibration de ses pas sur la moquette des couloirs. Réfléchir, vite, plus vite, encore plus vite. Bureau. Ordinateur. Boîte mail. Les doigts courent sur le clavier, les regards se balancent en pendule de droite à gauche, personne ne regarde, parfait, continuons, allez bon sang, plus vite, *plus vite*, non pas comme ça, on réessaye, oui voilà, allez, ça va le faire, ça *doit* le faire... Aligner les mots d'un échange chaleureux, trafiquer, bidouiller, falsifier la date, le destinataire et l'expéditeur, coller les lignes, les signes, les abréviations, une touche de vernis, envoyer, transférer, la respiration en suspens, mon Dieu faites que ça marche, mon Dieu pitié...

Et trois minutes plus tard, « Ok », suivie d'un pouce levé. Dans le thorax d'Arnaud, la terreur dégonfle comme un ballon de baudruche. Merci mon Dieu, merci, merci. Et puis aussitôt, bien sûr, la voix cinglante de Rudy. Dieu ? Qu'est-ce que Dieu vient foutre là-dedans ? Y'a pas de Dieu, mon chou, t'as juste le cul bordé de nouilles. Et Pierre d'autres chats à fouetter que d'aller vérifier la véracité de cet échange de salamalecs.

Oui, il a eu de la chance, encore une fois. N'empêche. Le poison du doute, à présent, s'est instillé dans la tête de Pierre. Arnaud n'a plus droit à la moindre erreur désormais. L'extrême vigilance s'invite à nouveau dans son quotidien.

Pendant quelques mois, pourtant, il avait cru pouvoir l'écarter. Il avait cru être à l'abri, il avait oublié. Oublié sa nature d'imposteur. Il s'est jeté corps et âme avec ses migrants, ses migrants si réels, si palpables, ses migrants avec lesquels il discute tous les jours, ses migrants qu'on ne peut pas accuser, non, de ne pas exister. Il les voyait avec fierté vivre et grandir sous sa plume, et se couchait le soir avec le sentiment serein d'avoir donné une voix aux damnés de la terre.

Et pourtant. Dans un boomerang cruel, voilà qu'on vient lui rappeler son indignité. Arnaud Daguerre et ses migrants en toc. Arnaud Daguerre, faussaire plutôt que reporter. Il ne vit rien de faux, mais le reste du monde veut coller sur sa peau l'étiquette du mensonge. Sans doute le reste du monde a-t-il raison. Il ne sait pas, il ne sait plus. Peut-on être un imposteur sincère ? Comment Jahan, Jawid, Fazil et les autres peuvent-ils avoir, alors, un tel parfum de vérité s'ils ne sont que des mirages ? Parce que tu es fou, Arnaud, tu es fou. C'est le sceau de la folie, mon gars, précisément.

Il retourne à son travail, les mains encore tremblantes, tente de se replonger dans son odyssée migratoire. Il n'a pas le choix, de toute façon. Être faussaire, c'est tout ce qu'il sait faire. Il ne peut que savourer le pouvoir de ses mots, céder – parfois – à la douce griserie de savoir ses personnages exister dans l'esprit de quelques milliers de lecteurs, de savoir que pour ces lecteurs, la matière qui jaillit de sa tête devient réalité.

Arnaud tient entre ses doigts ce pouvoir vertigineux : celui de transformer le réel, de créer des vérités parallèles. Mais ce pouvoir a un prix. Et la réalité, hélas, se charge de ne jamais le laisser l'oublier.

20

15 MARS 2017

« Bonjour et bienvenue à ce deuxième débat des Assises internationales du journalisme ! “ A l'heure des *fake news,* quel avenir pour le journalisme ? ”, voilà la question brûlante qui va nous occuper maintenant. Avec nous, pour en parler : Roger Declerc, politologue, professeur à l'université Panthéon-Sorbonne ; Célia Canneret, journaliste pour « Les Décodeurs » du *Monde* ; Romain Iglesias, journaliste à *Médiapart ;* Laurent Jeannerot, animateur de l'émission *Superfake* sur France Inter ; et Arnaud Daguerre, journaliste, grand reporter au *Miroir. Fake news,* donc, ces fameuses « infox » sur lesquelles Donald Trump a fait son beurre durant toute la dernière campagne présidentielle... Alors première question pour vous, Roger Declerc, de quoi parle-t-on exactement quand on parle de *fake news* ? »

Il fait une chaleur de four sur cette scène d'auditorium. Arnaud desserre un peu son col, balaye du regard l'assemblée.

Il y a un mois, en apprenant le thème du débat auquel il était invité, il a eu quelques sueurs froides. Était-ce un message subliminal ? Qu'allait-on essayer de lui faire dire ? Il n'en a pas dormi pendant plusieurs nuits, et puis s'est un peu détendu. Hasard, Arnaud, simple hasard. Ils voulaient l'inviter, ils se sont efforcés de le faire rentrer dans le programme. Voilà tout.

« D'ailleurs, il faut bien distinguer le terme *fake*, qui suggère l'idée de quelque chose de fabriqué, d'artificiel, du terme *false*, opposé à *true*, qui indique plutôt une erreur, une information erronée. Quand on parle de *fake news*, on parle donc avant tout d'informations *mensongères*, délibérément trafiquées, et non pas seulement d'informations inexactes, comme il peut arriver à n'importe quel journaliste d'en divulguer, même le plus scrupuleux. »

Le politologue a une tête de politologue et une éloquence professorale. Arnaud sent une goutte de sueur couler dans son dos.

La consœur du *Monde* rebondit aussitôt, précisant qu'à de nombreuses reprises, même au *Monde*, des journalistes ont en effet repris par erreur de fausses informations : toute la déontologie journalistique consiste à être capable ensuite de rectifier le tir et de faire son *mea culpa*. À ceci, Romain Iglesias objecte que le rôle du journaliste est tout de même de commettre le moins d'erreurs possible, sous peine d'alimenter la défiance croissante de la population envers le monde médiatique. La discussion se fait plus animée, chacun a son mot à dire sur ce mal endémique qui menace l'ensemble de la presse.

« Mais alors, reprend l'animateur, c'est une question que

j'adresse à vous tous : finalement, que peuvent les journalistes face à ça ? »

Fact-checking, déconstruction des intox, déboulonnage des théories complotistes, rigueur factuelle. Célia Canneret parle des « Décodeurs » pour décrypter une actualité complexe, Laurent Jeannerot de son émission visant à débusquer chaque infox majeure pour la neutraliser, Romain Iglesias du rôle politique que doivent jouer les journalistes d'investigation.

Arnaud n'a toujours pas ouvert la bouche. Il tente de s'insérer dans le débat, d'articuler aux moments opportuns des paroles sensées et intelligentes ; mais rien ne vient. Son esprit détaché flotte au-dessus de la scène, il observe, impuissant, son propre mutisme, ses jambes et bras croisés, son attitude tendue, fermée – suspecte. Il reste à l'écart, ne parvient pas à s'intégrer à ce petit groupe de professionnels consciencieux qui semblent savoir ce qu'ils disent, savoir ce qu'ils font. Lui ne sait toujours pas ce qu'il fait là, grand reporter qui ne s'occupe ni d'enquêtes politiques, ni de *fact-checking*, ni de décryptage d'actualité ; et cette question l'obsède, tournoie dans sa tête, brassant les angoisses exhumées du fond de ses entrailles.

L'animateur a dû sentir son malaise, entendre son silence embarrassé, car il profite d'un bref moment de battement pour se tourner vers lui :

« Nous avons donc vu que les journalistes, dans ce contexte, endossent un rôle de vérificateurs de faits. Mais est-ce qu'il n'y a pas aussi autre chose qui permet d'assurer la survie de la presse dans notre époque complexe ? Arnaud Daguerre, vous – mais je ne sais pas s'il y a encore besoin de vous présenter ! – vous êtes donc grand reporter, multiprimé. À votre avis, que peut le grand reportage dans cette ère de “post-vérité”, comme on la qualifie souvent ? »

Punaise. Il n’aurait pas pu choisir une question encore plus simple, tiens.

Silence. Public et invités attendent sa réponse, forcément pertinente, forcément claire et structurée.

Arnaud prend le micro, se racle la gorge.

« Je, euh… c’est vrai que le grand reportage, à première vue, contrairement à d’autres genres journalistiques, ne peut pas vraiment se positionner comme un vérificateur d’informations… »

Laurent Jeannerot l’interrompt :

« Oui, et d’abord parce que les faits rapportés dans un grand reportage, par définition, sont singuliers et donc difficilement vérifiables. »

Arnaud sent son visage se décomposer, la rigole de sueur couler de plus belle dans le creux de son dos. Il fixe son confrère de France Inter, mais celui-ci conserve une expression neutre, un regard vif et chaleureux. Pas de signe de piège tendu – ou bien Jeannerot cache son jeu avec brio.

Mais quand même, il ne faut pas rester là-dessus, surtout pas. Ne pas laisser la moindre prise à la suspicion. Paré pour la contre-attaque, Arnaud, allez ! Une-deux !

« C’est vrai, mais euh… malgré tout… je pense que le reportage peut être l’un des meilleurs antidotes à l’infox. »

Silence expectatif de l’assemblée. Certes, mais encore ?

« Parce qu’une infox, il me semble – corrigez-moi si je me trompe –, ce n’est pas simplement une information fausse, mais aussi, souvent, une représentation grossière, caricaturée et sans nuance d’une prétendue réalité… Et le reportage, justement, *c’est* la nuance. C’est… c’est toute la complexité de la réalité qu’on va chercher et rapporter du terrain. Et c’est par ce contact rapproché avec le terrain, et avec l'empathie qu'on déploie dans ce travail, qu'on peut sortir de la caricature et d'une vision binaire du monde, qu'on peut sortir de ce qui vient uniquement conforter nos préjugés. »

Arnaud est lui-même surpris de ses paroles, autant que de la relative clarté avec laquelle elles sont sorties de sa bouche. Il n'avait pas réalisé, avant de le prononcer ici, en public, sur une scène d'auditorium, que c'était là l'une des caractéristiques qui lui plaisaient tant dans le reportage, l'une des raisons majeures qui l'avaient poussé vers ce genre-là en particulier.

Autour de lui, les invités opinent du chef, l'animateur affiche une mine ravie : c'était, de toute évidence, exactement là où il voulait en venir.

« Oui ! Tout à fait ! On le voit d'ailleurs bien dans vos reportages, cette confrontation à l'Autre, qu'il soit migrant ou extrémiste, qui nous pousse à l'empathie et à s'évader des carcans de nos préjugés. Est-ce que ce ne serait pas, justement, cette rencontre de l'ailleurs, à l'heure où les algorithmes nous enferment dans nos propres schémas de pensée, qui donne au grand reportage un rôle si singulier dans le monde où nous vivons, en complément des autres formes journalistiques dont nous avons déjà parlé ? »

Arnaud se sent soudain plus détendu, immergé dans un doux bain de confiance qui l'enhardit :

« Complètement ! C'est par ces rencontres qu'on peut sortir de notre zone de confort, par le pouvoir de l'empathie et le pouvoir de l'imagination... »

Imagination. Il s'arrête net, comme son cœur dans sa poitrine. Il voudrait rembobiner, ne jamais avoir prononcé ce mot-là, ne pas voir, comme maintenant, ses acolytes froncer les sourcils, sentir la perplexité planer sur la scène et sur le public, il voudrait avaler sa langue, la clouer entre ses dents et ne plus jamais parler, jamais, plus un mot, fini les mots, trop dangereux, sur papier ou dans sa bouche, plus jamais…

« Qu'est-ce que vous voulez dire par " le pouvoir de l'imagination " ?

— Je, euh… je veux dire… »

Je veux dire ne m'écoutez pas. Je veux dire mes mots, les mots, sont sans importance. Je veux dire oubliez-les, oubliez-moi.

« Je veux dire qu'en tant que lecteur… et j'ai d'abord été un fervent lecteur de grands reportages avant d'être reporter moi-même, donc en tant que lecteur, c'est surtout l'imagination qui joue, ce qu'on imagine à partir des mots du journaliste. Et c'est cette imagination qui permet l'empathie, qui permet de se mettre à la place de l'autre et de sortir de soi-même, d'une certaine manière, enfin je crois, je ne sais pas si vous voyez ce que je veux dire ? »

Ils voient très bien : de nouveau des regards d'approbation, des hochements de tête convaincus. Et le débat reprend de plus belle jusqu'à la fin du temps imparti, dans une chaude animation. Tandis que pour Arnaud se termine enfin, lui aussi, l'insoutenable supplice de cet exercice de funambule, perché sur un fil au-dessus du vide.

Et de l'autre côté du fossé, derrière les spots de la scène, derrière les participants qui se congratulent à qui mieux mieux, le sourire sardonique de Rudy. Bravo mon chou, bravo, jolie pirouette. Tu t'en es encore sorti, petit veinard. La prochaine fois, je ramène les pop-corn pour regarder tes cabrioles au-dessus des abysses : ça ne peut pas durer, alors autant en profiter.

Troisième acte

S'ÉVAPORER

21

15 NOVEMBRE 2019

Le bus brinquebale sur les petites routes du Coahuila. Vieille carcasse douteuse, conduite par un chauffeur non moins douteux qui plus d'une fois, depuis leur départ de Piedas Negras, a failli les faire atterrir dans le fossé.

Ça ne lui fait pas peur; il a l'habitude. Il a d'ailleurs constaté qu'avec le temps, plus grand-chose ne lui faisait vraiment peur. Déformation professionnelle, sans doute. Il a appris à travailler entre deux tirs de mortier, dans le fond d'une jeep lancée pleine bille sur une piste de brousse, au beau milieu des champs comme au cœur d'une cité à feu et à sang. Alors tenir son ordinateur en équilibre sur un genou, tassé avec quarante autochtones dans un véhicule qui tangue sur une chaussée droite, c'est de la gnognotte.

Il parcourt le texte que l'autre lui a envoyé ce matin. Un coup d'œil rapide. Ça semble tenir la route. Mais bon, il se méfie. Il se méfie depuis longtemps, avec celui-là. Ça méritera une relecture attentive, un peu plus tard. Pour l'heure, il arrive à destination, comme le chauffeur l'indique par une annonce à la cantonade.

Le bus le crache à Las Esperanzas et repart dans un nuage de poussière. Ses interlocuteurs et futurs logeurs habitent en périphérie de la bourgade. Mais il a encore un peu de temps. Suffisamment, en tout cas, pour commencer la relecture.

Il ne tarde pas à dénicher un petit café sur la place principale, cahute colorée flanquée d'un toit de tôle. Les quelques personnes attablées lèvent à peine le nez à son arrivée. Il se fond dans le décor, ce qui est une excellente chose. Il faut dire qu'il a bien une dégaine de Mexicain, avec sa silhouette compacte, râblée, son teint mat et sa tignasse noire, son espagnol de natif hérité de sa mère andalouse. S'il le dessert dans certaines situations, dans d'autres, ce physique de métèque se révèle être un avantage fort appréciable. Lui, Rodrigue Pasero l'autodidacte, lui qui a grandi comme une mauvaise herbe au gré des vents contraires, ballotté aux quatre coins de l'Europe du Sud, n'a certes pas en sa possession tous les codes des élégantes rédactions parisiennes ; mais il a pour lui, et il le sait, la débrouillardise, la peau dure des baroudeurs, la pugnacité de celui qui s'en est sorti à la force du poignet. Autant de qualités qui lui permettent aujourd'hui de se frayer un chemin au sein desdites rédactions.

Il rouvre son ordinateur – vieil engin basique et ronronnant, choisi précisément pour ne pas attirer l'attention – et reprend le texte de Daguerre. Ligne par ligne. Et des lignes, il y en a déjà beaucoup. Il faut avouer qu'il est rapide, le bougre : ils ont terminé l'enquête il y a moins de deux jours. Lui, Rodrigue, a à peine commencé à poser quelques phrases sur le papier. Exercice fastidieux. Transformer le reportage en texte, ce n'est pas la partie du boulot la plus passionnante. Presque une corvée, même. Rodrigue est plus à l'aise avec son appareil photo qu'avec les mots. Mais les photos seules se vendent mal, alors il a appris à raconter différemment, à poser les termes les plus précis sur ce qu'il a vu, vécu et entendu. Il reconnaît d'ailleurs l'intérêt du processus, qui pousse à la rigueur, au recul, à la réflexion posée, davantage que la photo et son immédiateté. Mais c'est tout de même loin d'être une partie de plaisir. Il n'a pas choisi le journalisme pour faire de la littérature. Ce qui le fait vibrer, palpiter, c'est l'action, le terrain, sauter dans un avion ou dans un train – et surtout aller voir de ses propres yeux, écouter de ses propres oreilles. Vivre dans sa chair les événements du monde, être le témoin rapporteur de la vérité.

Les gens, hélas, sont si prompts à parler de ce qu'ils ne connaissent pas, à distordre et pervertir les faits pour les faire coller à leurs certitudes. Ça lui a toujours hérissé le poil. *Mi pequeño santo tomás*, mon petit Saint Thomas, l'appelait sa mère quand il se butait, contestait, demandait des preuves, les bras croisés et les sourcils froncés. Oui, en plus de l'attrait pour le risque, il a toujours eu cette forme d'intransigeance, ce besoin de *voir*, de vérifier. Quoiqu'il en coûte. Ce besoin, aussi, de dire tout haut les vérités qui ne font pas plaisir.

Heureusement, à présent, il est payé pour ça. Quoique. Il se demande souvent si tous ces journaux prestigieux cherchent réellement à dire la vérité, ou bien à flatter les puissants dont dépendent leurs deniers. Et flatter les puissants, c'est flatter les lecteurs. Les encourager à mettre la main au portefeuille ou à nourrir les publicitaires en cliquant sur des gros titres racoleurs. Oui, brosser les lecteurs dans le sens du poil, en leur donnant à manger ce qu'ils veulent… Non pas la vérité crue et désagréable, mais du récit, du divertissement – qui ne doit surtout pas venir bousculer le confort mental de leurs certitudes. Et ces journaux si prestigieux choisissent, bien sûr, leurs journalistes en conséquence.

Comme ce Daguerre, tiens. Cas emblématique. As du récit, roi du divertissement qui transforme n'importe quel reportage en remake des *Trois Mousquetaires*.

Rodrigue n'a jamais vraiment apprécié ce gusse. Non pas qu'il soit antipathique. Le type est discret, poli, pas très bavard. Surtout, il ne se la ramène pas, ce qu'il faut bien lui reconnaître. Bref, rien de désagréable en soi. Mais rien, non plus, qui puisse justifier une cote si extravagante au sein de la profession. Les rejetons de bonne famille comme ce type-là, pleins de sobre élégance, d'éloquence facile et de charisme sans effort, ça les fait toujours fantasmer, tous ces confrères parisiens qui, sans vouloir l'avouer, rêvent de tapis rouge et de confort bourgeois. Ils ne veulent pas voir la sueur, les ongles noirs de crasse, la peau creusée par le terrain, non. Ils préfèrent les fronts lisses et les longues mains délicates, le travail qui ne dit pas son nom, le travail qu'on ne voit pas, qui ne pue pas, qui n'existe que par son magique résultat. Et Daguerre, lui, ne sue pas, non. Il n'a jamais sué, il ne sait pas ce que ça veut dire, ce gentil bébé tout propre.

Rodrigue l'a cerné tout de suite. La première fois qu'il l'a croisé, il y a quelques années, dans les couloirs du Miroir. Un corps comme une page blanche, comme un jouet neuf, un corps qui n'a pas assez vécu. Et la démarche timorée de ceux qui ont grandi dans un cocon ouaté. Rodrigue n'a qu'à regarder Daguerre pour voir toute sa vie dérouler, une vie sans effort, sans obstacle, où tout, toujours, a été trop facile. Il a appris à côtoyer ces étranges spécimens à mesure qu'il est monté en grade, qu'il a pu pénétrer les illustres rédactions des bords de Seine ou du métro aérien. Enfance aisée, bac avec mention, grandes écoles, parachutage aux sommets. Trop facile. Et résultat des courses, des types un peu mous sous leur auréole artificielle, un peu désincarnés. Comme Daguerre qui a l'air d'habiter à côté de son corps. Faute d'avoir pu l'éprouver, d'avoir pu tester la fermeté de ses épaules, la puissance de ses muscles et la solidité de son mental – faute d'avoir dû pousser beaucoup de pierres sur sa route. Ces types, Rodrigue ne les envie pas. Il se contente d'espérer, en tout altruisme, que les difficultés de la vie viennent un jour sculpter leur mental et affermir leur caractère. Pour le reste, à vrai dire, leur sort et leur œuvre l'indiffèrent.

Mais en l'occurrence, il y a plus grave, avec ce Daguerre. Rodrigue s'en méfie depuis un certain article sur Julian Assange. Il y a longtemps, en 2010. Même s'il ne pigeait pas encore pour le Miroir, il avait alors déjà entendu ce nom-là – comme tout le monde dans le milieu, sans doute. Arnaud Daguerre, étoile montante du journalisme, futur prix Albert Londres. Rodrigue devait reconnaître que le gamin, en effet, avait du talent. À la lecture de ce papier-là, cependant, il avait tiqué. Quelque chose le chiffonnait. Une sensation de déjà-vu. Il n'a pas tardé à retrouver l'origine de cette étrange familiarité. Un article du *New Yorker,* deux autres du *New York Times.* Des anecdotes, des bribes de phrases, des bouts de verbatims. Repris tels quels ou quasiment, traduits et recollés.

De toute évidence, personne au Miroir ne suit la presse internationale aussi assidûment que lui – chaque matin, dépouillement des journaux hispanophones, anglophones, francophones et italiens – car personne d'autre n'a semblé détecter ces plagiats éhontés. À moins qu'il ne s'agît d'une coïncidence : accordons au gamin le bénéfice du doute.

À partir de ce jour-là, toutefois, il n'a plus lu les reportages d'Arnaud Daguerre du même œil. Un œil devenu méfiant, scrutateur. Pistant toute nouvelle anomalie qui lui permettrait de déterminer que la première n'était pas due au hasard. Et il a en effet fini par en voir d'autres, des anomalies. Oh, jamais de grosses entorses trop visibles, non : plutôt de minuscules incohérences, de courts et subtils copier-coller. Si ténus, si fugaces que l'attention passe sur eux sans s'y arrêter, préférant se concentrer sur le récit, l'intrigue, les rebondissements. Le divertissement. Et pour ça il est fort, oui, le Daguerre.

Le tenancier lui apporte son café, clope au bec. Pas un bavard, ce qui est parfait en l'occurrence. Rodrigue reprend sa lecture. Avec attention. Ça se tient, pourtant. Rien de troublant à première vue. Et il faut avouer que ça se lit tout seul, ce truc. Comme tous les papiers de Daguerre. Trop vite, d'ailleurs, sans doute. Des actions trop bien enchaînées, des interlocuteurs trop bien trouvés, une histoire trop bien construite pour être vrais.

Car il ne la connaît que trop bien, lui, Rodrigue, cette difficulté extrême de trouver sur le terrain les bonnes personnes, le moment adéquat et le décor idéal. Et il sait que seuls deux catégories d'individus peuvent aboutir à un tel résultat : les génies, ou les imposteurs.

22

16 NOVEMBRE 2019

L'aéroport est presque vide à cette heure : une enfilade de couloirs fantomatiques. Dans la salle éclairée par la lueur blanche des néons, le tapis des bagages en provenance de Houston tarde à livrer sa cargaison.

Le pouce d'Arnaud glisse machinalement sur l'écran. Bolivie. Cinq personnes tuées lors d'affrontements contre les forces armées. Hong Kong. L'armée descend dans la rue. Iran. Un mort dans des manifestations. Prague. 200 000 personnes dans la rue contre le populisme. France. Le mouvement des Gilets jaunes se poursuit, plusieurs milliers de manifestants. Décidément, l'ère est à la manifestation. Sri Lanka. Élections de... Ardèche... les victimes du séisme témoignent... préparation des législatives en... Comment les abeilles survivent-elles à l'hiver ? Spinoza, une pensée encore trop méconnue. Les OGM... Stromae, presque sur le retour... étranges cas de pneumonie déclarés en C... les confidences exclusives de Céline D... Trump déclare... quelle menace pour la santé ?

Arnaud soupire, son regard se déporte du téléphone au tapis, puis à l'écran d'affichage. Toujours rien. Allez, bon sang, on se dépêche... On est samedi soir, 23h, il est parti depuis plus de 10 jours et a hâte de rentrer. Hâte de retrouver le rire placide de Martin et la petite voix acidulée d'Ariane racontant sa journée avec moult détails, la vue du canal à travers la baie vitrée, le canapé en lin, sa collection de Kessel et l'odeur des enfants qui sortent du bain. Image un peu idéalisée, sans doute, d'un quotidien tranquille, image d'Épinal d'une petite famille à l'existence paisible. Il en rêve dans la solitude de ses chambres d'hôtel, caresse par la pensée ces tendres scènes de vie, se voit raconter à Ariane et Martin ses journées imaginaires sous leurs yeux ébahis. Et il voit leur joie demain matin au réveil, déboulant dans la chambre parentale aux aurores pour vérifier que Papa est bien rentré, eh oui, il est bien rentré, c'est la fête ! Il se vautrera un instant dans ce plaisir jamais émoussé d'être accueilli comme un héros, comme toujours, comme toutes les autres fois ; cette joie honteuse de percevoir dans les yeux des enfants et d'Adèle que ses départs ne se sont jamais vraiment banalisés, et que ses retours sonnent, souvent, comme des petits miracles. Il s'en repaîtra pendant quelques heures, quelques jours, et puis peu à peu, l'euphorie de son glorieux retour s'estompera, sa présence se fondra de nouveau dans la masse informe du quotidien, il rendossera pour les enfants et Adèle le costume de la normalité. Son enveloppe corporelle sera pleinement revenue parmi eux, et pourtant, à peine Arnaud aura-t-il réintégré la douce routine de la vie ordinaire que son esprit, déjà, ne sera plus là. Déjà il aura recommencé à s'envoler, à rêver d'ailleurs, à quitter les éclats d'eau, de rire et de voix du bain des enfants pour traverser les mers, s'installer dans le confort solitaire d'une chambre d'hôtel et tricoter des aventures au parfum d'évasion. Comme un cycle infini.

Le téléphone vibre dans sa main. Adèle: « Toujours à l'aéroport ? » Il est en train de taper sa réponse lorsque l'engin émet une nouvelle vibration. Message de Pasero. Qu'est-ce qu'il veut encore, celui-là ?

« On avait prévu des photos des miliciens pour illustrer l'article, tu peux m'envoyer celles que tu as pour qu'on fasse une sélection ? »

Arnaud sent sa main se crisper, une vague d'irritation le traverser. Une question qui sonne comme un ordre. Pour qui il se prend, ce type ?

« Pas de photo finalement. Les miliciens n'ont pas voulu.

— Aucun ?

— Aucun. »

Sur ce, il coupe son portable d'un geste sec et le range dans sa poche.

Depuis hier, le type pinaille, le bombarde de messages sans bonjour et de questions inutilement pointues. Il a commencé par demander des précisions sur des détails insignifiants (« ton gars, Robertson, il est maire d'Eagle Pass depuis combien de temps ? »), puis par questionner ses sources (« tu écris : *jusqu'à la construction du mur, une centaine de migrants mexicains transitaient chaque mois par la petite bourgade d'Eagle Pass*, qui t'a donné ce chiffre ? »), et maintenant cette histoire de photos... Arnaud met un point d'honneur à toujours répondre avec amabilité, mais Pasero commence sérieusement à lui courir sur le haricot. Et aussi, à l'inquiéter un peu.

Quand Guillaume, il y a quelques semaines, lui a annoncé qu'il allait réaliser son nouveau reportage avec un pigiste collé aux basques, Arnaud a fait la gueule.

« Un pigiste ? Pour quoi faire ? Je crois être capable de réaliser mes reportages tout seul comme un grand, tu sais. »

Guillaume a relevé la tête, surpris par ce ton abrupt, ce visage fermé. Le gentil Arnaud qui d'habitude ne moufte pas, dit oui à tout, jamais un mot plus haut que l'autre. Celui à qui des années de louanges et de succès non démenti ne semblent pas avoir donné l'assurance, voire l'arrogance, que l'on s'attendrait à trouver en pareil cas.

« J'en doute pas une seule seconde, mon grand ! Mais à moins que tu ne disposes d'une méthode miracle pour boucler à toi tout seul un reportage multi-situé en une semaine, je ne vois pas d'autre solution. Tu sais aussi bien que moi qu'on n'a pas les moyens de t'envoyer là-bas plus longtemps. Le grand reportage, ce n'est plus ce que c'était, mon petit Arnaud. »

Arnaud s'est un peu détendu.

« On n'enquêtera pas au même endroit ?

— Évidemment que non. L'un aux États-Unis – toi –, l'autre au Mexique. L'intérêt, c'est d'aller voir de chaque côté de la frontière. Et faire des allers-retours en aussi peu de temps, c'est foireux.

— Ok. T'as raison. Je n'ai pas le don d'ubiquité... Et l'autre, c'est qui ?

— Rodrigue Pasero. Niveau écriture il t'arrive pas à la cheville, mais c'est un bon photographe. Et puis il est bon marché, et il connaît bien la zone. C'est la personne *ad hoc*, crois-moi. »

Arnaud le croyait volontiers. Ce n'était pas ça qui l'inquiétait.

Depuis son arrivée au Miroir, il n'avait que très rarement travaillé en duo. Il se souvient de quelques reportages, à ses débuts, pour lesquels il était parti avec un photographe. Il avait alors suggéré une répartition des tâches « complémentaire » : il couvrait un bout de terrain, et son acolyte un autre. Pas besoin d'aller au même endroit, avait-il argué. Des regards croisés sont bien plus intéressants que des photos illustratives de ce qu'il raconterait déjà par écrit. Il n'avait pas eu trop de mal, à chaque fois, à convaincre le confrère. Mais c'était il y a longtemps. Avant la bascule. Avant Rudy.

Il appréhendait d'autant plus cette collaboration que Pasero, lors de leurs rares entrevues, ne lui avait pas laissé une impression des plus agréables. Un type râblé, aux muscles noueux et au regard en alerte, suintant la baroude par tous les pores de sa peau burinée. L'aventurier authentique : tout ce qu'Arnaud aurait voulu être, et tout ce qu'il n'est pas. Mais surtout, Pasero s'était toujours montré froid, distant à son égard. Pas du genre à se laisser impressionner par une quelconque notoriété, ni amadouer par la politesse ouatée et l'indéboulonnable modestie qui sont d'ordinaire, chez Arnaud, deux armes majeures de séduction.

Du reste, ledit Pasero ne semblait pas plus ravi qu'Arnaud de ce partenariat forcé. Leur contact avant le départ s'est borné à quelques échanges secs et factuels. Conformément au scénario élaboré par Guillaume, ils se placeraient de part et d'autre de la frontière, et s'efforceraient de recueillir les bruits de la discorde, l'ensemble des points de vue autochtones – pro et contra – sur ce fameux mur d'acier voulu et annoncé à grand bruit par Donald Trump. Arnaud devrait dénicher quelques échantillons de rednecks anti-migrants, Pasero se chargerait de trouver une poignée de pauvres Mexicains rêvant de l'Eldorado américain. Les deux échangeraient à mi-terrain pour être sûrs de la cohérence globale. Et écriraient ensuite leurs textes séparément, avant de les mêler en de savants allers-retours.

Dans l'avion qui l'emmenait à Houston, Arnaud fut tenaillé par les griffes de l'angoisse, que même une quinzaine de paquets de Mars et plusieurs litres de bière ne parvinrent pas à desserrer. L'œil noir et vif de Pasero le suivait jusqu'aux toilettes ; Arnaud devrait lui rendre des comptes, être plus prudent qu'il ne l'avait été depuis longtemps. Il devrait revenir à sa pratique d'avant Rudy, un artisanat modeste et précautionneux, bridé par la peur, sans souffle et sans audace. Il n'était même pas certain de savoir encore comment faire.

Une fois arrivé dans la petite bourgade américaine, cependant, Arnaud a senti ses craintes fondre peu à peu sous le soleil texan. Là, séparé de Pasero par une frontière tangible, il était libre. De l'autre côté, les yeux de Pasero ne voyaient qu'un check-point, et lui pouvait vaquer à sa guise. Protégé par un bout de cette barrière grisâtre tant vilipendée par les Démocrates et les Européens bien-pensants. Arnaud caressait avec tendresse la clôture d'acier, pris d'une bouffée d'empathie pour ces rudes Américains ravis que tout le monde reste chez soi – et a fortiori ces sales *Chicanos*. Un petit groupe de conservateurs zélés à chapeaux de cow-boys est né sans difficulté de cette glaise fertile.

Mais maintenant que les pieds d'Arnaud foulent à nouveau le sol français, les serres de l'angoisse sont de retour. Certes, Pasero est loin, bien plus loin qu'il y a quelques heures, là-bas de l'autre côté de l'Atlantique. Pourtant, ici la frontière est redevenue immatérielle, abstraite, privée de sa tangibilité d'acier, de sa réalité rassurante et palpable. Et Arnaud dégrisé réalise que la solidité de cette barrière de métal a fait sauter les joints de ses barrières à lui, qu'il a une nouvelle fois, et allégrement – quoique toujours avec prudence – franchi la ligne de démarcation qui sépare le journalisme de l'imposture.

Et puis quoi ? glapit soudain Rudy. Tu crois vraiment que ce péquenot sera capable de démêler tes ficelles ? Tttt tttt. Oublie pas que t'as quinze ans de métier dans le bide, mon chou. De ta part, Rudy, traiter quelqu'un de péquenot c'est un peu l'hôpital qui se fout de la charité... Je traite de péquenot quiconque manque d'imagination, et crois-moi, de l'imagination il en faut pour visualiser l'ampleur de tes bidonneries. Quel rapport avec l... Questionne pas, Nono. Les voies du langage sont impénétrables. Et prends plutôt ta valise, ou bien elle risque de retourner à Houston.

Dans un sursaut, Arnaud bondit vers ledit bagage, de toute évidence bien déterminé à se faire de nouveau avaler par la machine, parvient *in extremis* à l'attraper sous les regards un tantinet goguenards des autres voyageurs. Et, d'une démarche qu'il espère altière et digne, se dirige enfin vers la sortie.

23

19 NOVEMBRE 2019

« Aujourd'hui, c'est moi qui lis ! »

Aucune intonation bravache dans la petite voix de Martin. Il énonce calmement une proposition, voilà tout.

Ariane lève les yeux au ciel, arrache le livre des mains de son frère.

« *Toi* ? Mais n'importe quoi ! Tu sais même pas lire !

— Doucement, Ariane », souffle Arnaud assis entre eux deux.

Ariane ouvre le livre avec autorité.

« C'est *moi* qui lis. »

Sa fonction attitrée depuis qu'elle a appris l'art de la lecture, l'année dernière, en CP. Comblée par cette nouvelle compétence, elle se plonge avec délice dans les univers colorés de ses héros préférés – mais, plus encore que l'évasion solitaire, semble surtout aimer lire à voix haute devant le public peu exigeant que constituent son frère et son père.

Bien que désormais réduit à un rôle de potiche, Arnaud continue de se joindre, tous les soirs où il en a la possibilité, à ces séances de lecture rituelles. Il aime ce moment de douceur, blottis tous les trois dans la chambre d'Ariane, bercés par une petite voix acidulée qui bute sur les mots de plus de trois syllabes. Un moment hors du temps, parenthèse intouchable où la dureté du monde n'est plus qu'un écho lointain, où personne n'attend autre chose de lui qu'une présence, des bras aimants et des histoires auxquelles son auditoire n'ira pas reprocher le manque de véracité. Enfin, quoique. Lorsque Ariane a commencé à déchiffrer à l'alphabet, son aura de conteur s'est un peu effritée. Un soir, il racontait les tribulations de Ratus – avec, fidèle à ses habitudes, force liberté – quand sa fille, les sourcils froncés et les yeux rivés sur ces pages remplies de mots qu'elle tentait de décrypter au fur et à mesure du récit, l'a soudain interrompu :

« Les algues, y'a marqué " algues ". " Tes-pi...pieds-ont-dû-toucher-des-algues... " C'est pas le monstre ! »

Arnaud s'est tu, interdit. Il avait pris l'habitude de laisser libre cours à son imaginaire, l'habitude d'être écouté comme Dieu le père. Cet âge d'or, de toute évidence, était révolu. Il s'est enfoncé dans des explications aussi vaseuses que le lac dans lequel était tombé Ratus – non mais en fait, c'est-à-dire que ces algues *c'est* le monstre dans les représentations de Ratus, car notre perception du monde est fondée sur des représentations qui deviennent notre réalité, enfin tu vois ? – sous le regard suspicieux d'Ariane, puis s'est efforcé de rester collé au texte, mot pour mot, jusqu'à la fin de l'histoire. Les fois suivantes, il a laissé Ariane prendre la main, laissé sa petite voix ânonnante remplacer la sienne et l'exactitude des mots écrits se substituer aux divagations de son esprit. Il en a ressenti une douleur étouffée, comme une petite et sournoise fêlure – un minuscule deuil à surmonter. Entendre sa fille lire avec de plus en plus de fluidité, voir dans ses yeux brillants la jouissance de donner, à son tour, vie à ces mots qui dansent sur les pages l'a toutefois consolé. Après tout, il devait être fier de passer le relais, fier de s'effacer devant les progrès de sa fille. N'empêche. La fêlure est encore là, il la sent : une zébrure dans son image de père, dans la complicité précieuse qu'il avait construite avec les enfants, dans cette bulle d'imaginaire dont il pensait être le centre inaltérable.

Martin s'est renfrogné, blessé de s'être fait rembarrer par sa sœur. Celle-ci vient d'annoncer le titre avec emphase lorsqu'il réplique, d'une voix timide : « Si. Je sais lire. »

Arnaud et Ariane le fixent, étonnés.

Se pourrait-il qu'il ait appris tout seul ? À quatre ans, Martin n'est pas un enfant particulièrement vif. Il est même, si l'on veut être honnête, un peu lent. Une voiture diesel, s'esclaffe Faustine. Il n'est pas lent, il est calme et réfléchi, rectifie toujours Adèle, vexée, lorsqu'on pointe du doigt le caractère lunaire de son rejeton. Réfléchi je ne sais pas, mais contemplatif ça c'est sûr, réplique Faustine. Celle-ci, du reste, nourrit une affection singulière à l'égard du garçonnet, qu'elle a gratifié du sobriquet de « La Tache ». Heureusement qu'il est là, affirme-t-elle, sans lui votre famille de triple A serait désespérément *boring*. Il faut bien une petite tache dans ce beau tableau de réussite et d'intégration sociale.

Ariane remet le livre dans les mains de son frère :

« Prouve-le-nous, alors, que tu sais lire. »

Martin ouvre à la première page, qu'il examine d'un air concentré, et déclame :

« C'est l'histoire d'un nuage. C'est un petit nuage tout seul dans le ciel, et il est triste, parce que personne ne l'aime, le nuage, tout le monde il préfère le ciel sans nuage et donc le nuage, il devient gris et il se met à pleurer, et on l'aime encore moins...

— N'importe quoi ! crie Ariane. C'est pas du tout ça, l'histoire ! Tu sais pas lire, tu fais rien qu'inventer... T'as juste vu le nuage dans l'image, c'est tout. T'es mytho comme Coralie du CE1-C.

— Je suis pas mytho, dit Martin, avant de demander : c'est quoi mytho ? puis : c'est qui Coralie-ducéhincé ?

— C'est une fille à l'école, elle raconte n'importe quoi, elle dit que son père est astronaute et qu'ils passent toutes leurs vacances sur la Lune mais on sait que c'est pas possible, faut pas nous prendre pour des débiles non plus... et donc Coralie, elle a pas vraiment d'amis, personne veut lui parler à cause qu'elle est mytho et elle est toujours toute seule dans la cour. Moi ça me rend un peu triste mais bon c'est de sa faute aussi, elle a qu'à pas raconter des histoires de n'importe quoi, c'est pas compliqué quand même. »

Un silence pensif accueille ses explications.

Le malaise a envahi Arnaud. Il ne sait pas quoi dire ; une partie de lui voudrait hurler, protester, défendre les nuages de Martin et la lune de Coralie, et pourtant il sait qu'il ne peut rien devant ce constat implacable, comme la poésie ne peut rien face au bulldozer de la loi sociale. Il réalise que sa fille déjà ne lui appartient plus, qu'elle se fait, déjà, le chantre de cette loi, et il ne se trahira pas devant elle.

Martin, lui, fronce son visage poupon et tente :

« Moi, je veux bien partir avec eux en vacances à la Lune. »

Arnaud s'efforce de masquer sa consternation. Décidément,

le pauvre Martin est mal barré dans la vie. Il a peur pour lui, une angoisse sourde et diffuse. Il voudrait le protéger, lui dire qu'il faut s'endurcir, se préparer au pire, car le monde n'est pas tendre pour les rêveurs dans leur genre. Il craint que Martin subisse le même sort que lui, qu'il soit malade, lui aussi. Il craint de lui avoir transmis son invalidité, de l'avoir condamné à vivre, comme lui, avec une tête trouée et la terreur chevillée au corps. Oui, il voudrait le serrer dans ses bras et lui dire tout ça, lui dire aussi qu'il ne faut pas avoir peur car son imagination le rend plus fort, et qu'il faut donc se cramponner à elle comme à une bouée, une bouée secrète qu'il ne faudra jamais – jamais ! – montrer.

Mais tout ça, Arnaud ne lui dit pas, il en est incapable. Malgré lui, il développe même vis-à-vis de son fils, au fur et à mesure que ce dernier grandit, une distance insidieuse. Il perçoit bien cette gêne qui se faufile et qu'il ne ressent pas avec Ariane, ou du moins pas de cette façon-là – ce besoin irrépressible d'éloignement face à un gamin qui, en toute innocence, représente une menace. Arnaud a peur pour Martin et il a peur pour lui-même, peur que la nature rêvasseuse de sa progéniture en vienne à le trahir. Il se crispe chaque fois que quelqu'un, dans un éclat de rire (Faustine), par une interrogation soucieuse (les grands-parents) ou une simple curiosité inoffensive (des amis de passage), se demande de qui il tient, ce gosse, parce que quand même, il plane un peu, est-ce que c'est normal qu'il parle aux murs tout seul dans son coin ? Il s'est braqué quand Faustine, l'œil torve, a suggéré qu'Arnaud enfant devait ressembler à ça. Il refuse que les liens du sang, ou ce que les autres peuvent imaginer de cette hérédité fantasmée, détruisent tant d'années d'effort et de contorsions, tant d'années de sueur pour acquérir ses compétences de prestidigitateur. Et si cela doit se faire au prix de leur complicité filiale, c'est regrettable, certes, mais c'est comme ça.

Ariane reprend d'autorité les choses en main. On a déjà suffisamment traîné avec son frère et ses balivernes.

« Bon, ça suffit. Maintenant on m'écoute. Donc. *Archibald se promène dans la ville. Derrière les vitrines, il y a des tas de choses et devant, des tas de gens...*

— Vous êtes trop mignons ! »

Adèle a surgi dans l'embrasure de la porte, son téléphone à la main.

Ariane lève la tête vers elle.

« Maman, pas vrai que Martin est myth...

— Non, ne me parlez pas, continuez comme si je n'étais pas là ! Vas-y ma chérie, reprends ta lecture.

— *Ça doit être des choses précieuses, se dit Archibald...*

— Voiiiiilà... Super. »

Elle prend plusieurs photos, de plus près, d'un peu plus loin, à la verticale, à l'horizontale, puis examine le résultat d'un air satisfait. Arnaud sait que cette petite scène de famille atterrira sur Instagram, dûment filtrée, avec pour commentaire un « lecture du soir » suivi d'émojis évocateurs.

Il a renoncé depuis belle lurette à lutter contre cette exposition virtuelle de leur quotidien. Fatigant, peine perdue. Il n'a même pas essayé. Et puis après tout, si ça fait plaisir à Adèle... Il l'a souvent surprise, en fin de journée, reparcourant toute sa page Instagram comme on lit un roman, un sourire rêveur flottant sur les lèvres.

À chacun son histoire du soir.

24

21 NOVEMBRE 2019

À l'aplomb des fenêtres, la Seine s'écoule avec lenteur. Guillaume frotte la vitre d'un geste machinal, avant de s'apercevoir que les taches sont de l'autre côté, à l'extérieur. Bon, tant pis. Il devra se résigner à voir la Maison de la Radio, au loin, nimbée d'un léger flou artistique. Mais faudra que les nettoyeurs passent, un de ces quatre. C'est quand même dommage d'avoir une vue aussi canon si on ne peut pas en profiter pleinement. Lui en tout cas, il ne s'en lasse pas, de cette vue du cinquième étage.

Il détache ses yeux de la fenêtre et revient avec ennui à la conversation.

« Écoute, Pasero, honnêtement je vois pas bien où tu veux en venir. »

Dans le téléphone, la voix de Pasero se teinte d'irritation.

« Là où je veux en venir, c'est que je pense que Daguerre bidonne. »

Le sourcil droit de Guillaume s'envole vers le plafond.

« Ah vraiment ? Tu penses. Et comment penses-tu, aurais-tu l'amabilité de m'expliquer ?

— C'est ce que je viens de faire, t'expliquer. Le maire de cette ville, là... il est déjà apparu dans un canard local, il y a deux ans. Avec son portrait en première page. Et là, subitement, il refuserait de se faire prendre en photo ?

— Et donc ? Changer d'avis, c'est une pathologie rare ? Il a peut-être juste été sensibilisé au droit à l'image entre-temps. Les Américains sont cons, certes, mais pas au point d'ignorer qu'on peut faire dire n'importe quoi à ta trogne qui traîne sur Internet.

— Je pense que Daguerre n'a jamais rencontré ce type.

— Ah ouais ? Et comment il l'a écrit, son reportage, alors ? Mû par le souffle divin de l'inspiration christique ? »

Pasero hésite.

« Je pense qu'il a pu inventer, oui. Au moins en partie. »

Guillaume éclate de rire.

« Inventer ? On est des journalistes, mon chou, pas Stephen King !

— Écoute, Guillaume, je ne me serais pas permis de t'alerter si je n'avais pas un doute très sérieux sur l'honnêteté de ce travail.

— Tu me parles d'un redneck qui a refusé de se faire prendre en photo. Sérieux, Pasero, si c'est ça qui te fait douter, je t'envoie compulser l'intégrale des théories sur les aléas de la psyché humaine.

— Il n'y a pas que ça.

— Quoi alors ?

— Il a déjà plagié. Un article sur Assange. Il avait traduit et repris des bouts de phrase entiers de plusieurs articles étrangers. Pas de chance pour lui, il s'avère que j'étais tombé sur les mêmes articles.

— Aucun souvenir de ce machin. C'était quand, au siècle dernier ?

— 2010.

— 2010 ! On est fin 2019, Pasero. D'où tu me ressors des trucs encore plus vieux que la guerre en Syrie ? Ça va pas bien, mon gars.

— Mais enfin, vous n'avez jamais eu de doute sur Daguerre, jamais ? Vous n'avez jamais trouvé ça *trop beau* ? finit par lâcher Pasero dans un élan d'exaspération non dissimulée. Les interlocuteurs parfaits, des histoires toujours palpitantes et toujours les bonnes anecdotes... Tu t'es jamais dit que c'était trop beau pour être honnête ?

— Ça s'appelle le talent, Pasero. » Il soupire. « Bon, écoute. T'es un bon journaliste, et ta rigueur te fait honneur. Mais faut que tu lui lâches la grappe. Sache que j'ai une entière confiance en Arnaud et en son travail, tout comme Philippe et le reste de l'équipe. Ça fait plus de dix ans qu'il bosse chez nous, et qu'il bosse bien. Alors crois-moi, s'il y avait le moindre truc louche, on s'en serait aperçu, et bien mieux que toi. Maintenant, tu peux aller dormir sur tes deux oreilles et mobiliser ton énergie pour nous finir ce putain de papier, je te rappelle que la deadline est demain, et pas à l'heure chinoise. Allez, tchao mon vieux. »

Sur ce, Guillaume raccroche sans plus de cérémonie. Pas que ça à foutre non plus.

Pauvre Pasero.

Non pas que Guillaume ait le moindre mépris pour lui :

c'est un brave gars, intrépide sur le terrain, sérieux et rigoureux dans l'exécution. Carré, honnête, dur à la tâche. Depuis six ou sept ans qu'il pige pour le Miroir, Guillaume n'a jamais eu à se plaindre de lui. Il a toujours livré du bon boulot, quoiqu'un peu trop besogneux.

D'ailleurs c'est bien ça, justement, le problème de Rodrigue Pasero. Trop besogneux. Ça manque de souffle, de talent. Certes, ses papiers font tout à fait l'affaire, le gars étant un bon enquêteur de terrain, capable de revenir avec un diagnostic pointu et du matos empirique solide. Mais enfin, faut avouer, on s'emmerde un peu. Trop plat, pas assez incarné. Raison pour laquelle il ne sera jamais en tête de gondole. La quarantaine bien avancée, Rodrigue Pasero a mis 20 ans pour se frayer un chemin au sein des grandes rédactions, et atteindre ainsi le sommet de sa carrière. Il est à présent destiné à plafonner ; il restera, jusqu'au bout, un pigiste de l'ombre, un membre de cette vaste cohorte de bons journalistes anonymes dont le monde aura oublié l'existence avant même l'heure de leur retraite. Pas de quoi marquer l'histoire de la profession.

Et il le sait, sans aucun doute. Il sait que des piges occasionnelles pour *Le Miroir* et *Le Monde* sont le maximum de ce qu'il peut attendre. Il sait qu'il n'arrivera jamais à la cheville d'un Arnaud Daguerre, que leurs potentiels respectifs ne se comptent pas dans la même unité. Il le sait et a du mal à digérer l'idée. Et il est jaloux comme un pou, le Pasero. Alors il va chercher la petite bête, la petite faille du rival qui lui permettra de ne plus se sentir inférieur. Classique. Tristement classique.

Guillaume nourrit une compassion sincère envers les envieux. Bon sang, leur vie doit pas être un lit de roses, comme disent les anglophones. Lui, Dieu merci, n'a pas cette maladie. Il préfère nourrir son ambition par l'admiration – copier ses modèles, et ignorer tous les autres avec un flegme souverain. Pourquoi vouloir mettre des bâtons dans les roues de ceux qui nous sont supérieurs ? Totalement contre-productif. Mieux vaut se placer dans leurs pas, et s'en inspirer.

C'est ce qu'il a fait avec Philippe Girard. Un mentor, et jamais un rival. Il sait d'ailleurs, et sans aucune amertume, que Philippe le surplombera toujours. Peu sont aussi brillants que Philippe Girard – et lui, Guillaume, ne compte pas parmi eux. Trop agité, trop impulsif. Un cheval fougueux, lui reprochait le même Philippe, avec un sourire en coin, quand celui-ci était encore à sa place, à la tête du service Société, et Guillaume encore un jeune reporter trépignant d'impatience. Il a essayé de se dompter, pourtant, tenté pendant des années d'imiter le charisme plus taiseux de son idole, de se donner des airs plus matures et intellectuels. Mais la copie du maître a ses limites, on ne force pas sa nature. Et il est resté lui-même, Guillaume, cheval fougueux. Ce qui n'a pas empêché Philippe de lui accorder sa confiance, de lui pardonner son impétuosité et de le pousser à sa succession. Car il l'a toujours pris sous son aile, malgré tout. L'admiration paye toujours, jamais la jalousie. Si Philippe a fait de ce jeune journaliste exubérant son premier disciple, c'est parce que ce dernier était porté par l'admiration. Et puis bon, par le talent aussi, bien sûr. Pas de fausse modestie. Mais cette préférence assumée n'a pas apporté à Guillaume que des amis. Des bâtons dans les roues, il s'en est pris, beaucoup. Alors il sait ce que c'est. Rien d'étonnant à ce qu'Arnaud, talentueux chouchou de Philippe comme de tous les lecteurs, attire lui aussi l'aigreur des envieux. Ça n'empêchera pas le garçon de tracer sa route.

Le *garçon*, curieux qu'ils continuent de l'appeler comme ça, alors même que le gamin est là depuis plus de dix ans et a maintenant quoi, 35, 38 ans ? Sans doute cet air juvénile qui ne l'a jamais quitté. Mais Guillaume sait, depuis le début, qu'il ne faut pas s'y fier. Qu'il y a derrière cette petite gueule d'enfant sage une rare maturité journalistique. Philippe non plus, le premier, ne s'y est pas trompé. C'est qu'il a du flair, Philippe. Le potentiel du gamin, il l'a senti très vite. Et c'est aujourd'hui, à la veille de sa retraite, l'une de ses plus grandes fiertés – Guillaume le sait pour en avoir souvent parlé avec lui : la fierté d'avoir contribué au renouveau du journalisme en révélant l'une des plumes les plus prometteuses des jeunes générations, en montrant que oui, le grand reportage pouvait toujours faire rêver, que la presse écrite avait toujours son mot à dire même à l'heure des vidéos instantanées, qu'on pouvait réussir la fusion entre tradition et modernité. Bon, dire que ces petites victoires ont suffi à rendre au magazine sa prospérité d'antan relèverait de la mauvaise foi, mais tout de même : dans le marasme vaseux où s'enfonce le journalisme du XXIe siècle, c'est un exploit en soi.

Il repose le téléphone et revient vers les fenêtres. En contrebas, la Seine voilée par un nuage a pris une teinte gris perle. Sous le pont Mirabeau coule la Seine… c'est de qui, ça, déjà ? La main de Guillaume a repris avec énervement son ballet de nettoyage des vitres, il déteste oublier des noms, ça y est, c'est la vieillesse, la dégénérescence, bientôt la chute, c'est inéluctable… et soudain, devant ses yeux, la Maison de la Radio se dresse, rutilante, aux contours nets. Guillaume plisse les yeux, surpris et satisfait, examine sa main, puis la vitre.

La tache, en fin de compte, était à l'intérieur.

25

30 NOVEMBRE 2019

Des vautours.

Voilà ce que ça lui a toujours évoqué, ces nuées de gens en noir massés autour d'une dépouille. La dépouille de quelqu'un qu'ils n'auront jamais vraiment connu, qui dans le fond, et quoi qu'ils affirment, leur restera toujours impénétrable.

Il se tient dans cette masse, raide et engoncé dans son costume noir trop serré exhumé du fond d'un placard. Regardant, à distance respectable, l'attroupement autour du caveau. Grand-mère Daguerre, elle, que cachait-elle dans ses placards ? Qui, de tous ceux présents, la connaissait vraiment ? Certainement pas lui, Arnaud. Grand-mère Daguerre, pour lui, c'était un tailleur rouge ou vert émeraude, un collier de perles sur son coup fripé de batracien, des doigts déformés par l'arthrose et une bouche pincée dont pas grand-chose ne sortait. C'était d'interminables séances de bridge avec ses copines (club de vieilles grenouilles endimanchées) dans le salon d'hiver à Arcachon, un réveil obligatoire tous les matins à sept heures pour aller se baigner à la fraîche, en vertu d'obscurs préceptes hygiéno-éducatifs (« ça fortifie le caractère ! » – une obsession notable chez elle, la fortification du caractère), et de petits claquements de lèvres contrariés dès que l'on outrepassait, à son goût, les règles de la bienséance. Mais au-delà de ça, ce qui pouvait bien se passer dans la tête de grand-mère Daguerre, mystère insoluble.

Il voit au loin ses parents, la mine grave, recueillir les condoléances, et Adèle en grande conversation avec un fringant nonagénaire très digne derrière son déambulateur. Aucune idée de son identité. Et, à vrai dire, Arnaud n'a pas une envie débordante de sociabiliser.

C'est compter sans Tante Marguerite. Voilà qu'elle trottine vers lui, dans son manteau à fleurs gris, l'air d'être aussi perdue dans cette foule que son petit-neveu. Tante Marguerite, bon sang... depuis combien de temps il ne l'avait pas vue, quinze ans peut-être ? Elle n'a pas trop changé. Tante Marguerite, aussi rondelette et joviale que sa sœur aînée était sèche et hautaine. Tante Marguerite l'excentrique, la fantasque, qui un jour a plaqué son mari pour aller peindre des natures mortes dans une vieille grange rénovée au fin fond de la Dordogne. Bien sûr, sa démarche est plus claudicante, sa peau plus parcheminée, ses joues dodues plus tombantes. Mais c'est bien elle, toujours. Contre toute attente, Arnaud se sent soudain rasséréné de la voir. Cette bonne vieille Tante Marguerite.

Elle lui adresse un sourire bonhomme et un peu hésitant.

« Ouf ! Moi, la foule, hein, c'est pas trop ma tasse de chicorée. On est mieux ici, n'est-ce pas ? Et vous êtes... ? »

Bon, la tante Marguerite a quand même perdu quelques bouts de cerveau en chemin.

« Ben, c'est Arnaud, Tante Marguerite. Arnaud, tu sais, le petit-fils de Léonie.

— *Arnaud* ! Mais bien sûr ! Seigneur Jésus, je ne t'ai même pas reconnu... Dis donc, tu as forci, mon petit. Et puis cette barbe, aussi... Vous les jeunes, vous ne vous rasez plus, c'est curieux. À croire que le rasage est aussi démodé que la peinture à l'huile.

— À propos, tu fais toujours tes natures mortes, Tante Marguerite ?

— *Mortes* ? Et puis quoi encore ! Vivantes, Arnaud, *vivantes*. Ne parle pas comme Léonie, hein. Sous prétexte qu'elles sont sur une toile, elles sont forcément mortes, elle pensait... Balivernes. C'est d'ailleurs ce type de pensée qui a causé son malheur, si tu veux mon avis. Enfin ! Ne crois pas que je parle en mal de ta grand-mère, hein. La pauvre n'a pas eu une vie facile. Tout le mouron qu'elle s'est fait pour ton oncle... alors bien sûr, il me semble qu'elle a fait des erreurs, mais fichtre ! ça n'a tout de même pas été facile, ça non. Perdre son enfant avant sa propre mort, ça n'est tout de même pas une chose normale, surtout dans ces circonstances-là...

— Comment ça ? »

Arnaud s'est pétrifié.

« Ça l'a tuée, c'est sûr, ça l'a tuée, poursuit Tante Marguerite, intarissable. Ce pauvre garçon, quand on y pense, dire qu'il était si intelligent, si créatif, si... alors oui, bien sûr, très fantaisiste, oh ça oui, mais de là à penser que... ça fendait le cœur, quand même, de le voir là-bas, dans cet endroit sordide, avec tous ces médicaments qui l'assommaient complètement, tu m'étonnes qu'il se soit... tu t'en vas mon petit ? »

Il a planté là Tante Marguerite. Et puis Adèle, et ses parents, et le cercueil de sa grand-mère, et tous les autres, tous les vautours, tout le monde. Il fuit, il court presque, loin, loin de tout ça, loin, il sort du cimetière, s'engouffre dans la rue, il marche, marche, hagard, comme dans un mirage, un mauvais rêve, et ses pieds martèlent le sol, inlassablement, loin, partir loin, loin... Loin de la vérité inavouable, loin du cadavre de son enfance tué par ces mots innocents, loin de la malédiction, du tocsin qui sonne dans ses oreilles. Et il frappe des pieds sur le sol, encore et encore, il ne veut entendre que ce son-là, que le bruit de ses pas étouffe cette cloche funeste qui fait vibrer son crâne. Ainsi donc c'est ça, l'histoire, il le savait et ne voulait pas le savoir, il a voulu tout réécrire, comme toujours, tout le temps, créer sa propre vérité et conjurer le sort, mais le sort le rattrape, tu ne peux rien faire mon petit Arnaud, rien faire, voilà ce que ça donne, les cerveaux troués, dans cette foutue famille, tu le savais confusément, eh bien maintenant c'est clair. Ta gueule Rudy, ta gueule ! Je ne fais que dire la vérité mon chou, tant pis pour toi si tu ne la digères pas... Et depuis quand la vérité c'est ton domaine ? Mais depuis toujours, mon Nono adoré, depuis toujours, si seulement tu m'écoutais plus souvent... Tais-toi ! Tais-toi Rudy, pitié, ferme-la... FERME-LA ! Il a hurlé et balancé son poing contre le mur, ses jointures saignent et les passants le fixent avec effroi, il ne les voit pas, il ne voit rien, il faut marcher, il faut fuir, marcher, fuir.

Il passe indifférent devant les briques de l'église de Javel, longe le quai André Citroën sans un regard pour les tours de Beaugrenelle qui forment son décor quotidien, remonte mécaniquement vers la tour Eiffel et traverse le Champ de Mars au pas de charge, erre hagard dans la rue de Grenelle, descend le boulevard Raspail, traverse le Luxembourg et remonte jusqu'au pont Neuf, descend de nouveau, remonte, redescend, arpente des rues inconnues aux façades haussmanniennes identiques, il ne sait plus où il est et s'en contrebalance, rive droite ou rive gauche, passé ou présent, avancer, reculer, ça n'a pas d'importance, il marche, il court, il fuit. Des fragments de l'oncle Alban surviennent en vagues désordonnées, des Weston et du Bloody Mary, un magicien à la cape rouge, un trois-pièces en tweed orange et des pattes-d'oie au coin des yeux, un chapiteau de cirque et les automates des vitrines du boulevard Haussmann, Guignol et Cary Grant, et puis Léonard au fond du miroir, et puis Rudy dans un jogging crasseux, *ça commence tout doucement, et puis BAM ! et après on peut plus rien faire...* Il transpire et étouffe dans son costume trop étroit, malgré le froid de décembre, il sort sa chemise et déboutonne son pantalon, les pans de sa veste volent au vent et un fin crachin lui tombe sur les épaules, il ne le sent même pas, il continue de marcher, marcher, autour de lui tout s'obscurcit, son portable vibre dans sa poche, une fois deux fois plusieurs fois, il marche, l'ambiance se fait plus grouillante, plus bigarrée, ça sent la clope, la weed et la merde de chien, l'eau coule dans les caniveaux, les vélos fusent dans un tintement de sonnette énervé et les gens se bousculent, pressés, maussades, les parapluies s'entrechoquent, et soudain une immense dalle de béton striée d'arbres cacochymes, République, oui c'est ça, il est à République, les skates raclent et claquent sur le sol au rythme des sonos, il bifurque à droite et échoue au bord du canal Saint-Martin.

Et là il s'arrête. Enfin. À la lisière du canal. Il s'arrête et une douleur fulgurante transperce ses pieds, bordel de merde ces chaussures n'étaient pas faites pour fuir à travers tout Paris...

La douleur irradie du talon aux orteils, il ne l'avait pas sentie avant, anesthésié qu'il était, et là bon sang ce n'est pas tenable. Il s'écroule sur les pavés trempés, enlève ces camisoles de cuir et fixe l'eau verdâtre du canal, hébété, les jambes en feu comme s'il venait de traverser quinze vies à pieds. Avant de se relever, avec lenteur, avec douleur, avancer, pas à pas, jusqu'à l'immeuble, le hall, l'ascenseur, le couloir. Et la porte qui s'ouvre, et Adèle qui ouvre la bouche pour crier, Arnaud bon Dieu mais tu étais où ça fait trois heures que j'essaye de te joindre qu'est-ce que… ?! et elle le voit hagard et ruisselant, débraillé, le poing en sang et les chaussures à la main. Alors elle écarquille les yeux, ferme la bouche et, sans un mot, le laisse rentrer.

26

21 DÉCEMBRE 2019

À côté d'elle, un trou. Le vide. Encore. Elle l'a entendu se lever, comme toutes les nuits depuis trois semaines, senti le matelas s'alléger, un creux se créer à sa droite, écouté le frottement des pieds d'Arnaud sur le parquet. Elle voit bien qu'il s'efforce d'être le plus silencieux possible, pour qu'elle ne s'aperçoive de rien, et pourtant ça la réveille toujours. Et comme toujours, elle n'a pas bougé, pas frémi, elle a contrôlé la régularité de son souffle et fait semblant de continuer à dormir comme un loir.

Elle se retourne sur le dos et fixe le plafond plongé dans le noir. Elle a pris l'habitude de vivre à côté d'un vide, de toute façon. De vivre avec l'absence. Pas seulement quand il part en reportage : d'une certaine façon, c'est presque dans ces moments-là qu'il est le plus présent. Mais quand son corps, au contraire, est bel et bien là, la tête d'Arnaud n'est pas avec eux : elle est loin, très loin, absente. Et de plus en plus. Adèle le perçoit tous les jours, cette distance insidieuse qui se creuse entre eux, une fêlure devenue presque un gouffre. Deux étrangers vivant côte à côte, voilà ce qu'ils sont devenus. Comme beaucoup de couples au fil des ans, tu sais, ont tâché de la rassurer Sophie et Anissa lorsqu'enfin, à contrecœur, Adèle s'est confiée à elles. Pour les autres, tous les autres, elle continue de maintenir coûte que coûte l'illusion d'un couple complice et sémillant, lui le brillant reporter, elle la brillante avocate, radieux de bonheur avec leurs deux bouts de chou craquants et leur T4 avec vue sur le canal Saint-Martin. Et ça lui fait du bien, ce mirage, elle s'y mire et s'y noie, et elle y croit elle aussi, dur comme fer, à ce bonheur d'apparat – jusqu'à ce que, le soir venu, elle retrouve le vide et la solitude. C'est normal, disent Sophie et Anissa, avec le temps le désir s'étiole et la routine prend le dessus, c'est pareil avec nos mecs. Autrement dit, situation des plus banales. Rien de quoi réjouir Adèle. *Banal* ! Un mot encore plus déprimant que la solitude. Et puis, elle sent bien qu'il y a autre chose, qu'il y a davantage qu'une simple érosion due au temps et au train-train du quotidien.

Elle a longtemps pensé que ce quelque chose pouvait être un *quelqu'un*. Après tout, Arnaud passe la moitié de son temps aux quatre coins de la planète, il est encore séduisant dans sa trentaine bien avancée, exerce un métier glamour... Et malgré ses questions détaillées et les récits tout aussi détaillés que lui fait son conjoint de sa vie sur le terrain, Adèle ne sait pas exactement, dans le fond, à quoi il emploie ses journées et ses nuits. Ce serait facile, si facile... Oui, peut-être était-elle, depuis des années, une cocue bienheureuse. Le doute la torturait. Et un jour, les amarres ont lâché. Arnaud était sous la douche lorsqu'elle s'est emparée de son portable et l'a fouillé de fond en comble, dans une frénésie honteuse. Elle n'a rien trouvé de suspect et a reposé l'engin, tenaillée par les remords. Non, de toute évidence, c'était une fausse piste; elle s'était laissé emballer. Bien sûr, il pouvait toujours avoir des maîtresses de passage sur ses lieux de reportage, mais Adèle n'y croyait pas trop: pas le genre d'Arnaud. Du peu qu'elle connaît de lui depuis toutes ces années – il est si secret, si introverti qu'elle se demande souvent ce qu'elle sait de lui, justement – une chose lui semble sûre, il est trop timide et trop peu séducteur pour jouer au chaud lapin. Non, elle l'aurait davantage imaginé avec une relation régulière, une double vie, d'autres gosses peut-être?! Dans ses moments d'angoisse, elle se faisait tout un film, le voyait embrasser Ariane et Martin puis partir avec sa valise de reporter pour rejoindre tranquillement sa deuxième famille Dieu sait où à Tataouine-les-Bains. Toutefois, aucun élément tangible n'est venu étayer ses soupçons, si ce n'est cette éternelle et mystérieuse absence mentale – elle s'en est voulu d'avoir pu inventer des trucs pareils.

D'ailleurs, à la réflexion, ce n'était pas très plausible. Après tout, si leurs contacts charnels se sont réduits au minimum syndical, c'est davantage de sa volonté à elle que de celle d'Arnaud. Lui ne manque pas de tendresse, c'est elle qui s'est éloignée. Il faut dire qu'il n'y met pas du sien: si seulement il faisait, comme elle, des efforts pour se maintenir en forme... Mais non, depuis plusieurs années déjà il se laisse aller, il prend du poids, ne fait pas une once de sport, mange n'importe quoi. À leurs âges, ça ne pardonne pas. Elle le sait bien, et c'est pour cette raison qu'elle passe autant de temps à la salle de sport ou à faire des tours du canal en courant. Elle est fière d'avoir, à chaque fois, réussi à perdre tous ses kilos de grossesse en seulement quelques mois, fière d'être même plus mince qu'elle ne l'était il y a dix ans. Elle aime son corps élancé, ses mollets galbés et son ventre plat, l'angle aigu de ses pommettes, ses biceps saillants et ses petites fesses fermes. Franchement, pour une mère de famille de 37 ans, il faut avouer qu'elle est bien conservée. Pas bien compliqué, du reste : il suffit d'un peu de volonté. Question de respect envers soi-même et envers les autres. Arnaud, lui, ne fait aucun effort mais est tout de même bien content qu'elle lui achète ses fringues, jeans bruts à la coupe avantageuse, chemises de bûcheron un peu amples, pulls en laine de qualité, qui lui permettent de continuer à avoir l'air svelte sans lever le petit doigt. Et pendant ce temps, elle, Adèle, soulève des poids, court partout, contrôle ses calories et le tourbillon du quotidien... Alors elle lui en veut, oui, d'être aussi passif, aussi négligent, quand elle s'ingénie à se sculpter pour eux un corps de rêve et une vie de famille sans accroc.

Du moins, c'est ce qu'elle pensait jusqu'à il y a trois semaines. Car depuis l'enterrement de sa grand-mère, force est de constater qu'il ne va pas bien, pas bien du tout. Ce n'est plus de la négligence, c'est un vrai mal-être qui s'est installé. Ce deuil douloureux l'a d'ailleurs surprise : elle ne le savait pas si proche de son aïeule, qu'il voyait une fois tous les trente-six du mois et avec laquelle il entretenait, comme avec ses parents, des relations que l'on pourrait difficilement qualifier de chaleureuses. Et lorsqu'elle a abordé avec lui ce sujet, c'est d'un ton rationnel et détaché qu'il a parlé de la mort de Grand-Mère Daguerre, 98 ans, quoi de plus naturel.

Alors quoi ? Ce ne serait pas lié à ce décès, mais à autre

chose ? Quand on y réfléchit, des décès, il en a vu d'autres – pas de sa famille, certes, mais autrement plus violents, tragiques et arbitraires que la mort d'une mamie presque centenaire. Des morts de guerre. Des morts qui... une minute... mais oui ! Mais bien sûr !! Le flash. Pourquoi n'y avait-elle pas pensé avant ? Le problème, ce n'est pas madame Daguerre, c'est la guerre. Ce n'est pas ce décès-là en soi, mais ce qu'il vient rappeler à Arnaud : cette cohorte de morts anonymes et moins anonymes qu'il a vus et vécus dans sa carrière de reporter. Autant de traumas que ces funérailles sont venues réveiller. Mais bien sûr. Ça lui semble maintenant si évident qu'elle s'en veut de ne pas y avoir pensé plus tôt, d'avoir autant sous-estimé, trompée par le silence d'Arnaud qui n'exprime jamais rien, la dureté morale de ce métier qu'il exerce depuis plus de dix ans. Pauvre amour ! Et dire qu'elle le flagellait, lui reprochait en permanence ses égarements alimentaires, sa passivité, ses absences et ses étourderies, ces moments de mutisme sombre dans lesquels il se perdait, sans rien voir du mal qui le rongeait...

La culpabilité lui tord les entrailles. Il faut qu'elle aille lui parler, lui dire. Qu'elle comprend. Que c'est normal. Qu'elle le soutient de toute la force de ses bras musclés au curl marteau haltère.

Elle se lève d'un bond, se dirige à pas feutrés vers la cuisine – elle sait qu'il est dans la cuisine. Et le voilà, en effet. Attablé, les yeux dans le vague, et devant lui deux paquets de ces gaufrettes à la framboise chimique qu'Ariane a fini par faire acheter à sa mère à force de pugnacité, gaufrettes qu'il engouffre une à une d'un geste mécanique.

Un infime craquement, il se retourne et l'aperçoit, dans

l'angle de la porte ; alors il sursaute, elle peut voir, même dans la pénombre, le rouge lui monter aux joues, la panique passer sur son visage qui se décompose, un visage d'enfant pris en faute, la même tête que fait Martin quand elle le surprend en flagrant délit d'inondation de la salle de bains. Ça l'amuse, cette panique. Croit-il vraiment qu'elle ne savait pas à quoi il occupait ses nuits – vider les réserves de biscuits des enfants, les remplacer le lendemain, et les boulotter de nouveau la nuit suivante ? Il la prend pour une poire, c'est pas possible.

« Arnaud... »

Elle a mis dans sa voix autant de douceur que possible. Il la fixe, piteux mais surpris – il s'attendait à se faire incendier, pas à ce qu'elle s'asseye avec calme en face de lui pour lui chuchoter :

« Je sais. »

Elle sait ? Elle sait quoi ? Une perplexité grandissante, et mâtinée d'inquiétude, se lit sur son visage encore enfantin sous la barbe de trois jours.

Quel que soit ce qu'elle peut savoir, ce n'est forcément pas bon pour lui.

« Je sais que ce n'est pas facile... Je voulais te dire que je suis avec toi, en toutes circonstances. Ne l'oublie jamais. »

Mais de quoi elle parle, bon Dieu ?

Il hausse un sourcil.

« Je, euh... Si tu parles encore de grand-mère, je...

— Non, justement. J'ai compris, tu sais. Tardivement, mais j'ai enfin compris. Je sais qu'il ne s'agit pas de ta grand-mère... mais de tous ces fantômes dans ta tête. »

Il se fige. Se pourrait-il que... mais comment... ? Comment pourrait-elle savoir ? Se peut-il que... qu'elle sache ?

Le sang monte à ses tempes, ses veines palpitent, il se sent mal.

« Comment tu...

— J'ai compris d'un coup, cette nuit. Un flash. Quelque part, je crois que je le savais depuis longtemps, mais... peut-être que je ne voulais pas le voir... La folie du quotidien, le boulot, les enfants, tout ça. Pas vraiment le temps de se poser des questions. Et puis, on est aveuglé... comme tout le monde, j'étais aveuglée par tout ça, grand reporter, les terrains aux quatre coins du monde, les articles flamboyants, les prix, les compliments. J'ai été trop aveuglée par le côté brillant du truc, je crois, pour voir la vérité plus sombre derrière tout ça. »

Adèle lui caresse la joue, avant de prendre ses mains dans les siennes.

« Mon cœur, je suis vraiment désolée. J'aurais dû m'en rendre compte plus tôt. Je ne savais pas que tu souffrais à ce point, alors que j'aurais dû m'en apercevoir... J'aurais dû voir qu'il y avait quelque chose qui n'allait pas. »

Arnaud est en apnée. Une étrange sensation l'a envahi, comme une boule de chaleur dans la poitrine. Alors elle sait. Elle sait et elle... elle est toujours là... elle lui prend les mains, lui parle avec douceur... elle...

« Tu... tu ne m'en veux pas ?

— Je t'en veux un peu de ne pas m'en avoir parlé plus tôt, bien sûr. En même temps, je comprends... C'est pas quelque chose dont on peut parler facilement. Mais quand même, Arnaud. Tu n'en serais pas là si tu m'en avais parlé, tu crois pas ? »

Il baisse les yeux.

« Adèle ? »

Sa voix tremble un peu.

« Est-ce que... est-ce que tu crois que je suis malade ?

— Malade ? Mais bien sûr que non ! Pourquoi tu t'es mis ça

dans la tête ? Ce n'est absolument pas une question de *maladie*, Arnaud, absolument pas. Enfin réfléchis, c'est quand même pas anodin d'avoir vu des gens mourir atrocement dans des guerres absurdes, n'importe qui d'autre à ta place serait aussi traumatisé ! »

Hein ?

« C'est juste un syndrome post-traumatique parfaitement normal, mon cœur. »

Un rire perçant, cruel. Dans ses oreilles. Rudy. *Syndrome post-traumatique*... mais bien sûr ! La souffrance liée au fait de se dorer la pilule en Turquie est en effet injustement sous-estimée, j'en parlerai au CNRS. Suggestion d'Arnaud Daguerre, grand reporter au Baklavastan ! Et il se tord de rire, ce connard, son rire vrille les tympans d'Arnaud, et Arnaud serre les lèvres et se maudit, comment a-t-il pu être aussi naïf, comment a-t-il pu croire, oui, comment a-t-il pu croire un seul instant qu'il pourrait échapper au gouffre ? Pauvre crétin qu'il est, pauvre crétin...

Adèle a perçu sa crispation, a vu à travers la pénombre son visage se fermer, ses traits se contracter. Sa poigne se fait plus ferme, elle cherche son regard et énonce d'un ton grave :

« Et il faut juste que tu arrives à tuer ces fantômes. »

Arnaud soutient son regard, frappé par l'évidence.

Malgré tout, elle a raison, bon sang, elle a raison.

Il faut tuer Rudy.

27

5 JANVIER 2020

« Et pourquoi c'est toujours lui, d'abord ? »

Comme à chaque fois, Ariane fait la gueule.

« Parce que c'est la tradition, Ariane. C'est toujours le plus jeune qui doit passer sous la table.

— Elle est nulle, la tradition.

— Fais gaffe Adèle, lâche Faustine en s'esclaffant, ta fille a des velléités subversives. »

Elle se retourne vers Ariane.

« Allez Ariane, laisse au moins une petite utilité à La Tache. »

Martin met un certain temps à comprendre ce qu'on attend de lui. Non pas que l'idée de ramper sous la table lui paraisse saugrenue : c'est l'un de ses QG favoris, où il peut placidement se faire oublier du reste du monde pendant quelques heures. Mais cette fois-ci, le reste du monde, bruyante assemblée familiale aux mœurs étranges, ne tient pas à l'oublier.

« Pour qui, la première part, Martin ?
— Pour, euh, Anaïs.
— Anaïs ? Qui est Anaïs ?
— C'est comme ça qu'il appelle la dame qui communique avec lui à travers les radiateurs.
— La *quoi* ?
— Tu sais, quand les radiateurs font *tac tac*... C'est Anaïs qui cherche à entrer en communication.
— Et comment tu sais ça, toi ?
— Je me demande vraiment de qui tient cet enfant...
— Figure-toi qu'il m'arrive de communiquer avec ton fils, ma chère Adèle.
— Bon, Martin, pas Anaïs, quelqu'un de *réel*... »
Silence pensif de Martin.
« Baba Yaga ?
— On va pas y arriver, je crois.
— Moi ! Moi je vais sous la table, je veux aller sous la table...
— Ariane, tu restes ici. Martin mon chéri, quelqu'un de la *famille*, enfin... Comment tu veux qu'on donne une part de tarte à Baba Yaga ?
— Alors Papa.
— Voiiiiiiilà, c'est bien, enfin une personne réelle. »
Ou peut-être pas. Peut-être que Martin a raison et qu'Anaïs et Baba Yaga sont plus réels que lui, dans le fond. Mais Arnaud se contente de prendre en souriant l'assiette que lui tend Laurence. Inutile de rentrer dans ce débat.

Et puis à cet instant, il se sent détendu comme jamais, à tel point que même ce genre de pensée furtive ne suffit pas à allumer l'alarme. Détendu, oui, dans le lumineux salon de Meudon, au milieu des voix animées, des pépiements des enfants, des va-et-vient de Laurence qui s'affaire pour tout ranger au fur et à mesure sous les remontrances de Faustine.

« Putain Maman, pose ça et viens manger avec nous, bordel !

— J'arrive, oui, j'arrive...

— Qui veut du cidre ? Non pas toi, Ariane.

— Papa, tu viens de croquer dans la part de Martin, je crois.

— Eh bien, faisons un troc de part. Il n'est jamais trop tard pour apprendre le concept. Tu sais ce que c'est que le troc, Martin ?

— Ben oui, je connais le troc, c'est mon ami. Il habite dans les arbres à peluches.

— Décidément, il est ami avec tout le monde, ce gosse. Le troc, les radiateurs...

— Tu risques de choper son rhume. Le petit est malade depuis trois jours.

— Si seulement on pouvait dire que c'est ça qui lui embrume le cerveau...

— Boh, tant que c'est pas le coronavirus !

— Le quoi ?

— Tu sais, cette nouvelle saloperie qui sévit en Chine, là. Arnaud doit en savoir quelque chose, pas vrai Arnaud ?

— Arrête de raconter des bêtises, Jean-Claude. Bon, il reste une part de galette, qui en veut ? C'est la dernière de l'année, il faut en profiter !

— Et qui a la fève, au fait ?

— Arnaud ! C'est Arnaud qui l'a ! Il a rien dit, le petit cachottier.

— Tu crois que ce serait du genre d'Arnaud de hurler « c'est moi le roi !! » en brandissant son âne en porcelaine ?

— En effet, c'est pas son genre. Tiens d'ailleurs Arnaud, tu ne leur as même pas annoncé la nouvelle !

— Quoi, quelle nouvelle ?

— Il a été contacté par le Seuil, vous savez, la maison d'édition, pour un projet de livre tiré de ses reportages.

— Une commande, oui. Ils m'ont proposé de retrouver les migrants que j'avais suivis en 2016 pour continuer la série et en faire un bouquin.

— Mais c'est génial !

— Eh ben, ça et tous ces prix... Une chose est sûre, tu vas passer à la postérité, Arnaud.

— Ne parle pas de postérité, ça pue la mort ! Et heureusement mon Arnaud est là, bien vivant et royal ! »

D'un geste tendre, Adèle le coiffe de sa couronne en carton.

Depuis leur échange nocturne, en décembre, leur relation semble renaître de ses cendres. Adèle n'a jamais été aussi douce et attentive que ces dernières semaines, tandis qu'Arnaud se force à communiquer davantage, à sortir de sa coquille et limiter ses absences mentales. Et il sent à quel point ça lui fait du bien : être dans l'instant présent, là, juste là, avec les siens, comme maintenant, les enfants, Adèle, les Carle, à manger de la galette des rois en riant ensemble, sans plus penser à rien d'autre, sans que son esprit ne s'échappe – enfin presque.

Adèle met ces progrès sur le compte de la psychothérapie, qui a permis, selon elle, d'éloigner ses fantômes. Elle ne sait pas qu'il n'a fait que trois séances, durant lesquelles il a déployé toutes ses compétences imaginatives pour rendre crédible son personnage de reporter traumatisé. Mais peu importe. Le résultat est là : ses fantômes se sont en effet éloignés, Rudy est mort et pour la première fois sans doute, Arnaud peut enfin respirer. Il l'a tué d'un article lapidaire, noyé dans la Seine après s'être attaché au pied tout ce qu'il possédait, à savoir un sac-poubelle rempli d'un canif et de cinq canettes de bière. Triste crépuscule d'un homme qui a rêvé sa gloire avant de toucher le fond.

C'est d'ailleurs ce *come-back* inattendu d'un vieux héros de journal, suite et fin d'une vie semi-ordinaire, qui a inspiré la proposition du Seuil. Mort d'un fantôme, naissance d'un projet : merci Rudy. Arnaud a du mal à cacher son excitation. Un *livre* ! Ses histoires vont sortir des pages éphémères d'un magazine, de la virtualité d'un site web, pour entrer dans le temps long de la littérature, toucher du doigt l'immortalité. Un livre portant son nom, à la couverture rigide, aux pages épaisses, un livre comme ceux de Kessel, de Wolfe, qu'il aime tant caresser, un livre pour traverser le temps et les frontières, un livre comme les romans dans lesquels, enfant, il se plongeait avec délice... euh, minute, non pas comme ça, non. Il est *journaliste,* hein. Ne pas l'oublier. JOUR-NA-LISTE. Et comme une foultitude de journalistes, il écrira des livres. Voilà. Rien de bizarre, rien d'ambigu. Rien qu'une continuité naturelle. Les reportages d'Albert Londres ont eux aussi été publiés dans des bouquins, c'est très évident, cette fraternité, très logique. Ce n'est pas parce qu'on passe la frontière du livre qu'on devient romancier, pas vrai ? Un journaliste qui écrit des livres, c'est tout. Journaliste.

Et puis de toute façon, ça ne sert à rien d'y penser. Aujourd'hui, il est un journaliste en famille, entouré de gens qui l'aiment, il est un journaliste multiprimé, heureux et comblé, une couronne en carton sur la tête et le ventre rempli de frangipane.

Aujourd'hui, il est le roi, et rien de négatif ne peut lui arriver.

28

8 JANVIER 2020

Un bloc de béton dans les entrailles.

Ils sont là. Tous les trois. Dans le bureau du boss. Philippe, Guillaume, Pierre. Et une ambiance sépulcrale.

« Assieds-toi. »

Pierre est le seul des trois à paraître calme. Guillaume, bouillonnant comme une cocotte-minute, fait les cent pas dans le bureau. Philippe est livide et silencieux.

Arnaud obtempère. Les jambes flageolantes.

Le message de Pierre était sec, certes, mais pas plus que d'habitude.

Il ne s'attendait pas à se retrouver devant un tribunal.

« Une question, Arnaud. Pendant votre reportage, " La frontière du chasseur ", comment as-tu pris contact avec tes interlocuteurs ? »

Question piège. Bouche sèche.

« Eh ben, comme d'habitude... Je m'étais renseigné en amont, j'avais pris contact avec le maire, et c'est donc avec lui que j'ai fait une première interview... Et puis il m'a ensuite orienté vers les miliciens.

— Comment tu avais pris contact ? Par mail ?

— Euh, je crois que oui, enfin je ne me souviens pas bien, mais...

— Peux-tu nous montrer ces mails, s'il te plaît ?

— Euh, maintenant ? Je... Oui, enfin il faut que je cherche un peu, enfin... C'était il y a trois, quatre mois... Enfin, euh... Attendez, non. Je me suis trompé, cette fois ce n'était pas par mail. C'était par téléphone, oui. C'est ça. On s'était appelés, dans le courant du mois d'octobre, pour prendre rendez-vous.

— Par téléphone ? Sur la ligne du Miroir ? Un appel aux États-Unis ?

— Non non, euh... Sur ma ligne personnelle. Je ne voulais pas, enfin... Je ne voulais pas que le hors forfait pèse sur les finances du Miroir.

— C'est fort généreux de ta part. »

Il n'aime pas la lueur d'ironie qui flotte dans les yeux de Pierre. Il n'aime pas ça du tout.

« Donc, tu n'as pas de trace de ces discussions ?

— Euh, non... Je ne crois pas, non. »

Les trois échangent un regard.

« Arnaud. Regarde-moi dans les yeux, et dis-moi honnêtement : est-ce que tu as vraiment rencontré ces gens ? »

C'est Philippe qui a parlé, de sa voix grave. Ses yeux sombres braqués sur Arnaud.

« Je, mais euh... Bien sûr que je les ai rencontrés, Philippe ! Comment j'aurais pu faire, sinon ? »

Un voile noir, opaque, passe dans l'œil de Philippe.

Pierre reprend, d'une voix toujours aussi calme :
« Eh bien, ce n'est pas ce que *eux* affirment. »
Il tourne vers lui l'écran de l'ordinateur. Des images. Une pancarte. Eagle Pass. Un paysage de petite ville texane. Des gens. Des gens qui parlent. Monsieur le Maire. Une commerçante. Des types rustauds aux gros bras tatoués. Des gens qui disent, en anglais : il me semble l'avoir vu, oui. Un journaliste français. Resté ici quelques jours, vers novembre. Mais il ne m'a pas parlé, non. Pas du tout. « Hello », « goodbye », c'est tout. Non, mon fils s'appelle Diego, pas Israel, et n'est pas atteint d'une maladie rénale incurable. Non, comment vous dîtes ? *Wagner*, j'écoute pas trop, non. Jamais entendu parler d'un journaliste français venu ici, non. On n'a pas échangé un mot, non bien sûr, je m'en souviendrais...

Le gouffre. Trou noir. Béant. Le sol qui se dérobe sous ses pieds et qui l'aspire, lui et tout le reste, le bureau, la vue sur les quais de Seine, les piles de livres dans le fond et les colonnes de vieux Miroir qui traînent, tout vacille et tout se délite, le monde part en lambeaux, il ne reste que ces trois hommes en face de lui, ces trois hommes et tous ces gens sur l'écran, et la vérité implacable.
Le gouffre. La fin.
« Rodrigue Pasero a eu des doutes, reprend Pierre d'un ton navré. Il s'en est ouvert à Guillaume, qui l'a envoyé bouler...
— Et comment j'aurais pu... comment j'aurais pu *imaginer* ça, à ton avis ?? rugit Guillaume qui jusqu'ici n'avait pas décoché un mot, regard noir et mâchoires serrées. Comment j'aurais pu imaginer que... »
Il complète sa phrase d'un ample mouvement de bras englobant le bureau, l'écran, Arnaud, ravalant de toute

évidence, et avec peine, des modes d'expression moins diplomates.

« Bref. Donc Pasero – le type est pugnace – a quand même tenu à vérifier ses soupçons. Il s'avère qu'il était de nouveau au Mexique la semaine dernière. Il en a profité pour faire un crochet au Texas et interroger les personnes mentionnées dans le reportage. Il nous a envoyé cette vidéo hier soir. »

Pierre fait une pause, poursuit d'une voix plus basse.

« J'avais déjà eu quelques doutes, moi aussi. Suite à quelques commentaires sur le site, et au mail de l'asso, là, qui prétendait ne t'avoir jamais rencontré. Et puis je me suis dit, non quand même, ce serait trop gros... Jusqu'à hier soir. »

Il tourne de nouveau l'écran, lentement.

« Alors Arnaud, dis-nous la vérité. Ces gens, est-ce que tu leur as vraiment parlé ? »

Ils sont là, tous les trois. Ils le fixent. Le tribunal. Ils attendent une réponse. Il ne peut plus rien. Il est acculé. C'est le gouffre. C'est la fin.

« Non. Je... je ne leur ai jamais parlé.

— MERDE !! »

Un fracas de livres, stylos, magazines qui s'écrasent à terre. Guillaume a explosé.

« On t'a fait confiance, putain !! Le Miroir ! Le service Société ! Les lecteurs ! Tout le monde ! Grand reporter... envoyé spécial aux quatre coins du monde... dans la situation actuelle de la presse... tout le monde en *rêve,* putain ! Et *toi,* toi tu fais quoi avec ça ?! Monsieur se dore la pilule aux frais du Miroir ! Tranquille ! À nous poignarder dans le dos avec ses petits reportages bidonnés ! Mais est-ce que tu te rends compte, Arnaud Daguerre ? *Est-ce que tu te rends compte, oui ou merde ?!*

— Guillaume, calme-toi...

— Je me calmerai pas, Pierre ! Non ! C'est du vol. Du *vol* ! Le poignard dans le dos ! Bordel de merde ! »

Arnaud s'est recroquevillé dans son fauteuil, ratatiné sous la violence de ce torrent verbal.

Pourtant, ce n'est pas la fureur volcanique de Guillaume qui lui fait le plus mal, ni le flegme ironique de Pierre. C'est le mutisme de Philippe, son visage blême et son regard absent, comme une gifle glacée.

Le gouffre. La fin.

Pierre reprend, méthodique.

« Arnaud, on a besoin de savoir. Est-ce qu'il y a d'autres articles, à part celui-ci, que tu as bidonnés ? »

Silence.

« Est-ce que... *tous* les articles que tu as écrits sont bidonnés ? »

Arnaud se disloque. *Tous* les articles. Tout ce qu'il a écrit, tout ce qu'il a fait. Tout ce qu'il est. Bidonnés.

Il n'ose pas relever la tête, garde les yeux vissés sur ses mains tremblantes et murmure d'une voix blanche, une voix vacillante, pour lui-même ou les autres, personne ne sait vraiment :

« Je... je suis malade. J'ai besoin d'aide, je crois.

— Malade ! crache Guillaume. *Malade* ! T'es un beau petit enculé, surtout, ouais ! »

Mais les deux autres restent cois, un silence mâtiné de pitié, car oui, il fait malgré tout pitié, cet imposteur ramassé sur lui-même, replié tel un bernard-l'hermite, la tête baissée et le corps tremblant, et ce filet de voix qui semble ne plus tenir qu'à un souffle, qui est-il, cet homme, un acteur hors pair ou un enfant désespéré ?

Jusqu'à ce que Philippe tranche le silence, d'une voix qui traverse l'air comme une lame de métal glacé.

« Pars. Maintenant. Et ne remets jamais les pieds au Miroir. »

29

8 JANVIER 2020

« Je peux pas y croire... Je peux pas y croire... »

Guillaume, hébété, poursuit ses tours de bureau comme un lion en cage. Tandis que Pierre, songeur, tapote des doigts sur la table.

« Ne me dis pas que tu n'y as jamais pensé ? Même pas une seule seconde ?

— Mais enfin, mon vieux, comment j'aurais pu imaginer ça ? Qui, franchement, aurait assez d'imagination pour penser que ça, tout ça, c'était du pur pipeau ? Hein ?

— Tu ne t'es jamais dit que c'était quand même un peu trop beau pour être vrai ? Trop bien écrit, trop bien tourné, trop dans le mille ?

— C'est ça, fais genre que tu t'y attendais...

— Je ne m'y attendais pas. Mais enfin, ce n'est pas non plus une gigantesque surprise. Quand on veut un journalisme humain, faut prendre ce qui va avec.

— C'est-à-dire ?

— Eh ben, un être humain, parfois, ça invente. C'est comme ça. »

Guillaume le fixe avec stupeur.

« Comment ça, *c'est comme ça* ?

— Dans le fond, on ne peut pas reprocher à un être humain de faire des trucs d'humain. On n'a pas tous de l'imagination, mais on raconte tous des histoires, et on a tous besoin d'histoires. Daguerre a fait ce qu'un humain sait faire, raconter des histoires, et nous tous, à son sujet, on s'est aussi raconté des jolies histoires. »

Pierre hausse les épaules, fataliste.

« Du grand classique, quoi. »

Guillaume ouvre la bouche pour riposter, la referme, puis finit par s'effondrer sur une chaise, la tête entre les mains.

Le silence retombe sur le bureau, un silence lourd, poisseux, étouffant. Un silence d'outre-tombe.

Jusqu'à ce que Pierre reprenne, à brûle-pourpoint :

« Et donc, maintenant, qu'est-ce qu'on fait ? »

Guillaume relève la tête.

« Comment ça, qu'est-ce qu'on fait ? Le connard est parti, bon débarras.

— Je veux dire, qu'est-ce qu'on fait avec les lecteurs ? Qu'est-ce qu'on leur dit ? »

Guillaume écarquille les yeux.

« Quoi, qu'est-ce qu'on leur dit ? Qu'est-ce que tu veux leur dire, bordel de merde ? Oups désolés, petite boulette, tous ces articles publiés chaque semaine depuis treize ans étaient bidon, sans rancune et à la prochaine ?

— Faut être cohérent. On ne peut pas défendre en grande pompe la vérité, la transparence, *dire ce qui est,* et planquer tout ça sous le tapis.

— Mais t'es dingue ! éructe Guillaume. C'est du suicide ! Donner du grain à moudre à tous ceux qui crachent déjà sur les médias, leur donner raison, même, à toutes ces cargaisons de complotistes... Si on fait ça, on est *morts* !

— On l'est encore plus si jamais d'autres découvrent le pot aux roses.

— Comment veux-tu que qui que ce soit le découvre, alors que nous-mêmes on est passé à côté pendant toutes ces années ? Y'a bien qu'un taré vertueux, un absolutiste comme Pasero pour aller gratter aussi loin sous la surface.

— Justement. Pasero. Est-ce que tu crois vraiment qu'il va s'arrêter là si jamais on ne lève pas le petit doigt ?

— Quoi, si on ne lève pas le petit doigt ? Et qu'est-ce qu'on vient de faire, là ? On n'a pas confronté et viré l'imposteur, peut-être ? On est clean, Pierre ! On a fait notre boulot, on peut se regarder dans la glace sans rougir ! Et Pasero a besoin de ses piges au Miroir pour bouffer, il ira pas plus loin. Pour lui comme pour nous, aller au-delà, c'est se tirer une balle dans le pied. Pense au Miroir, putain ! Pas vrai Philippe, t'es pas d'accord ? Philippe, tu dis rien ?? »

Ils se tournent tous les deux vers le capitaine, se raccrochent à lui. Le capitaine qui semble avoir quitté le navire, pâle et crispé, toujours mutique, les yeux vissés sur la fenêtre.

Il regarde la Seine qui s'écoule, et à travers elle le fil amer de sa propre existence. Il revoit ses rêves et ses illusions, il revoit le jeune homme qu'il était, un volcan endormi, la fougue et l'ambition bouillonnant sous le calme apparent ; et il revoit cet autre jeune homme, ce grand brun timide à la plume déjà flamboyante, ce miroir de lui-même, lui semblait-il – un miroir aux alouettes, en réalité. Le mirage d'un autre volcan endormi qu'il saurait réveiller, d'un potentiel à révéler, d'un héritier à modeler. Il a pris ce mirage sous son aile et l'a aidé à grandir, à grossir, aveuglé par cette fausse ressemblance, enfermé dans son fantasme du double et élève qui saurait, plus tard, reprendre le flambeau. La flamme de tout ce qu'il a créé et tenté de faire perdurer : un journalisme de haut vol, la rigueur factuelle et l'exigence de l'investigation portées par l'émotion du récit. Des années de sueur pour surnager dans l'hécatombe, des années d'espoir et de foi, d'idéaux et de discipline. Pour le Miroir, pour le journalisme.

Le travail d'une vie, pulvérisé en quelques heures.

Un Hiroshima personnel.

Et ce qu'il voit maintenant, à ses pieds, ce sont les ruines fumantes de son idéal, les décombres calcinés de ses rêves, des accomplissements qui ne sont plus que poussière et cendres. À la veille de sa retraite, en lieu et place de la citadelle qu'il avait fantasmée, il ne laisse donc derrière lui qu'un champ de débris : les derniers vestiges du Grand Reportage, livrés aux charognards.

Il ne lui reste plus, désormais, qu'à rassembler les survivants, et partir avec dignité.

30

16 JANVIER 2020

Les deux enfants disparaissent, avalés par les grandes portes en bois. Seul Martin lui jette, avant de le quitter, un dernier regard accompagné d'un signe de main timide, cet éternel regard éperdu d'admiration.

Arnaud lui sourit depuis le trottoir, agite à son tour sa main dans le vide, « à ce soir ! », et tourne les talons. Il passe le coin de la rue et lève la tête, l'offre au soleil, avale l'atmosphère dans une inspiration profonde. Le ciel est bleu, le froid vif : une belle journée de février. Et un jeudi ordinaire. Il reprend illico sa marche, d'un pas tonique, un pas de Parisien pressé. Ne surtout pas donner l'impression de flâner. Des fois qu'il croiserait une tête connue. Ça n'est pas encore arrivé pour l'instant, mais on ne sait jamais.

Il bifurque à gauche en direction du canal, dans la rue du Franprix, pour racheter des granolas et un pack de Heineken.

Un jeudi ordinaire, un jour comme tous les autres, comme tous les jours depuis une semaine. Il va rentrer, s'allonger sur le canapé avec son ordinateur, s'ouvrir une bière ou deux, ou bien trois, quatre ou cinq, manger trop de granolas, parcourir la planète sur le tapis volant d'internet, balayer le fil de l'actualité et de l'histoire humaine, bailler aux corneilles et se replonger dans Kessel, rêver, contempler, buller, jusqu'à la tombée du jour. Alors il se lavera les dents trois fois pour estomper l'odeur de bière, gobera un chewing-gum à la menthe et sortira avec moult précautions, rasant les murs et priant pour ne croiser aucun voisin. Il ira se blottir au fin fond d'un bistrot en attendant 20 h, juste le temps de concocter le récit de sa journée de travail, puis rentrera comme d'habitude ; les enfants seront déjà repus et douchés, il les embrassera avant de rejoindre Adèle dans la cuisine. Il lui caressera le dos et lui demandera des nouvelles du boulot, elle lui racontera les détails de sa journée devant un repas diététique – poulet mariné au citron, brocolis vapeur – et l'écoutera narrer la sienne, ils débarrasseront, se mettront au lit et termineront la journée devant quelques épisodes de *House of Cards* pour leur dose quotidienne de fiction, au cas où ils n'en auraient pas déjà eu assez.

Une journée ordinaire, oui. Douce et paisible. Et il en profitera, car à partir de demain ce sera un peu plus intense ; à partir de demain, oui, demain, il commencera à chercher sérieusement. À lancer sa nouvelle carrière. Arnaud Daguerre, grand reporter indépendant. Il aime ce titre, sa sonorité, s'en gargarise, le répète, Arnaud Daguerre, grand reporter *indépendant*, in-dé-pen-dant, c'est-à-dire ne dépendant de personne, libre et audacieux, sans autre maître que lui-même. Oui, c'est mieux, en définitive, bien mieux que d'être un vulgaire employé : être son propre chef, ne rendre de comptes à personne, exister par sa seule plume. Il fallait ça pour qu'il ose franchir le pas, devenir enfin libre comme ses idoles. Que du bénéfice, vraiment. Il n'a pas encore annoncé la nouvelle à Adèle ; il attend d'avoir des pistes concrètes, un peu plus de visibilité. Ce n'est qu'une question de jours : il commencera demain, c'est sûr. Juste un petit délai supplémentaire pour peaufiner son projet. Ensuite, ce sera l'aventure et la liberté. Il parcourra la planète au gré de ses envies, la plume virevoletante et des idées plein la tête, écrira pour les meilleurs, Le Monde, Libé, Le Figaro, La Croix, pourquoi pas Le Point et Paris Match, tout le monde s'arrachera ses papiers, à lui, Arnaud Daguerre, prix Albert Londres, grand reporter indépendant.

Parfois, des images lui reviennent, le réveillent en sursaut, trempé de sueur, surgissent au détour de ses pérégrinations virtuelles, refont irruption au milieu d'une conversation. Il revoit ce bureau étouffant, ces trois hommes au regard de Jugement dernier ; il ressent de nouveau ce vertige, se revoit titubant dans les couloirs, rassembler ses affaires avec des gestes d'automate, il revoit Johanne s'approcher de lui, inquiète, ça va Arnaud ? ça a pas l'air d'aller, tu t'en vas ?, il lui a souri, croit-il, enfin essayé, ça devait ressembler à la grimace d'un homme courant sur des braises, il a réussi à articuler oui oui ça va, juste un peu mal au ventre, je rentre chez moi, à demain, *à demain,* et puis le long tunnel jusqu'à la sortie, le sol qui tangue sous ses pas et la brume dans le cerveau, et le souffle qui manque, et les jambes qui le lâchent. Il revoit tout ça, parfois, dans un flash teinté d'irréalité, mais le balaye aussitôt, c'était il y a une semaine, c'est du passé, d'ailleurs il n'est même pas sûr que ça se soit vraiment produit, peut-être était-ce un cauchemar, il ne sait pas, il ne sait plus. Et de toute façon, ça s'estompe peu à peu : bientôt ce ne sera plus, pour lui comme pour le triumvirat du Miroir, qu'un vague souvenir désagréable, qu'ils s'empresseront d'évacuer si d'aventure il revient les hanter. Un souvenir dans lequel personne ne devra venir fouiller ; une honte inavouable, une omerta inviolable. Le Miroir et lui-même, unis pour éviter la chute. L'ultime fraternité.

Il sort du Franprix avec ses victuailles sous le bras, reprend son pas de Parisien surbooké, même s'il aurait bien envie de flâner, prendre le temps de contempler tous ces gens pressés, la pierre blonde des immeubles se détacher sur le bleu du ciel, les boutiques ouvrir lentement leurs portes comme le kiosque là-bas, s'imprégner des bribes de phrases, du claquement des semelles sur le bitume, des pétarades des scooters, s'imprégner des couleurs, du bleu, du blond, du gris, du rouge... du rouge ?

Il s'arrête net au milieu du trottoir. Du rouge. Ici, en grand, en gros, sur la devanture du kiosque. Un rectangle rouge vif. La couverture du Miroir. Un jeudi ordinaire. Jour de sortie du magazine. Un rectangle rouge vif, la couverture du Miroir, hurlant, en gros et à l'encre noire, une poignée de mots lapidaire :

UN IMPOSTEUR AU MIROIR
Comment nous nous sommes fait berner

Et le cœur d'Arnaud, à son tour, semble s'arrêter net dans sa poitrine. Il lâche les courses qui se fracassent au sol dans un cliquetis de verre, la bière coule sur le trottoir. Et il lui semble que tous les regards sont braqués sur lui, ces regards qui hurlent c'est lui ! c'est l'imposteur !, il faut fuir, fuir avant que quelqu'un n'arrive et le voie planté là au milieu des débris de ses courses, fuir tout court, fuir les regards, rentrer dans l'ombre. Il court, le canal, le hall d'entrée, son reflet blafard dans le miroir de l'ascenseur, la porte, enfin, il ferme à double tour, trouver un lieu loin de la lumière, la baie vitrée du salon surtout pas, loin des gens, loin de la vue de tous, une pièce sans fenêtre, la salle de bains, oui, c'est ça, la salle de bains c'est bien.

Il ferme le verrou et se laisse glisser par terre, adossé à la baignoire, le souffle court, les jambes en coton. Du calme, Arnaud, du calme. Pas de panique. On réfléchit. Après tout, son nom n'est peut-être pas cité. « Un imposteur au Miroir », ce n'est pas « Arnaud Daguerre est un imposteur ». Peut-être ont-ils respecté son anonymat. Au nom de ces treize années de camaraderie professionnelle. Ce sont des braves types, Guillaume, Pierre. Et Philippe. Philippe ne lui ferait tout de même pas ça, non.

Il saisit son portable, il doit en avoir le cœur net. Sur l'écran, cinq appels en absence. Deux d'Adèle, trois de numéros inconnus. Un filet de sueur glacée coule dans son dos. Mauvais présage, très mauvais... Mais non, peut-être juste une coïncidence Arnaud, respire, du calme. Il ouvre Google d'une main tremblante. Clic. Bam.

AFP. *L'hebdomadaire* Le Miroir *a révélé aujourd'hui que l'un de ses plus éminents journalistes, Arnaud Daguerre, prix Albert Londres, falsifiait ses reportages depuis plusieurs années...*

Libé. *Scandale au Miroir ! Qui l'eût cru ? Arnaud Daguerre, oui, celui qui a été porté aux nues ces dernières années, celui dont on lisait les reportages l'œil frémissant et la joie au cœur, serait en fait l'un des plus grands truqueurs de l'histoire du journalisme français...*

De l'alcool. Il faut. Il ne peut pas... vite. Boire. Anesthésier. Il n'y a plus de bière, elle est restée dans la rue, fracassée comme lui, mais il y a... oui... dans sa réserve... Vodka ! Dieu soit loué, merci Seigneur, un petit geste dans ce triste monde, il reste encore une bouteille de vodka. La première gorgée lui brûle délicieusement l'œsophage, oh Dieu faites que l'engourdissement arrive vite, il ne veut plus penser, plus ressentir, plus rien, dormir, flotter, oublier – et pourtant, mû par une curiosité morbide, il ne peut s'en empêcher, sa main reprend le portable, ses yeux captés par le reflet de sa déchéance sur l'écran blafard, il poursuit...

Le Monde. *Arnaud Daguerre, journaliste multiprimé, grand reporter au* Miroir, *était en réalité un faussaire, a révélé ce matin l'hebdomadaire dans un long article en forme de* mea culpa. *Retraçant l'historique des événements, nos confrères du* Miroir *tentent de décrypter comment de telles falsifications ont pu passer sous les radars pendant tant d'années...*

Adèle. *Arnaud URGENT est-ce que tu peux me rappeler stp ????*

Vodka. Une, deux, trois gorgées, la chaleur, la brûlure, le brouillard qui monte. Twitter. Un torrent, une avalanche. Une éraflure à chaque hashtag. #arnaudaguerre, #faussairemiroir, #arnaudaguerrefakenews, #mortdujournalisme. Autant de zébrures sur son âme. Acculé. Lynché. Le gouffre. La fin. Le téléphone vibre à nouveau, une fois, deux fois. Son père. *Son père.* Vodka. Trois fois.

Mediapart. *Arnaud Daguerre, un faussaire à l'heure de la post-vérité.* Le Figaro. *LA DÉBÂCLE DU JOURNALISME. Ou comment Arnaud Daguerre, l'un des journalistes les plus appréciés de sa génération, se révèle être un usurpateur...*

Nouvelle vibration, numéro inconnu. Il est 10 h 14 et les

charognards ont déjà commencé leur boulot, il est à leur merci désormais, lui, le journaliste déchu, livré en pâture à cette masse de pisse-copie qui se nourrissent de l'opprobre. Triste ironie. Vodka. L'ironie passe mieux avec de la vodka.

Le Point. *TONNERRE DANS LE JOURNALISME. Arnaud Daguerre, que l'on tenait pour l'un des plus grands* story-tellers *du reportage moderne, fait honneur à ce qualificatif, à défaut de faire honneur au journalisme : en réalité, ce faux «grand reporter» est un vrai romancier.*

Eh ben, je ne saurais pas mieux dire ! Voilà ce qui s'appelle avoir l'accent de la vérité. Arnaud se fige, la bouteille à la main. *Rudy* ? Bah tu veux que ça soit qui d'autre, ducon ? Si t'en as plusieurs des comme moi, alors t'es encore plus schizo que je le croyais. Je te rappelle que tu es censé être *mort*, Rudy. Mort ! Rudy éclate de rire. Pas plus mort que toi, mon chou. Mais moi je *suis* mort, Rudy. Regarde ça, regarde tout ça. Qu'est-ce que c'est, sinon ma condamnation à mort, hein ? Oh, tout de suite les grands mots. La guillotine, rien que ça ! «Arnaud Daguerre, faussaire et drama queen depuis 1981» : nouvelle carte de visite. C'est pas drôle, Rudy. Eh quoi Nono, tu vas quand même pas te remettre à chialer juste parce que tu t'es gouré de consigne ? Hein, quoi, quelle consigne ? Tu délires, je sais même pas pourquoi je continue à t'écouter... La consigne, Nono. Les 96 pommes, madame Riquet, ça te dit rien ? Tout était juste, sauf que t'as mal recopié le problème. Eh ben, c'est l'histoire de ta vie, mon petit Nono. La consigne te disait *journaliste*, t'as compris *romancier*. T'as tout bien fait, tout était juste, beau boulot, romancier admirable : mais c'était pas ce qu'on te demandait. Rien de ce que t'as écrit n'est faux, tu t'es juste gouré de vérité. Ballot ! Mais rien de grave, hein. Ça arrive plus souvent qu'on pense.

Ça tient à si peu de choses. Juste deux formes qui se ressemblent. Un 9 qu'on peut lire à l'envers. C'est tout.

Le faire taire. Le sortir de là. Tais-toi, Rudy... *tais-toi* ! C'est la vodka. C'est sûrement la vodka. Juste la vodka. Arnaud se traîne jusqu'au lavabo, s'asperge d'eau glacée et se frictionne, plusieurs fois, avant de redresser la nuque. Dans le miroir, un visage émacié le fixe. *Des rides profondes creusent les joues de Rudy. Ses yeux noirs sont injectés de sang, ce sang qu'il n'a finalement pas versé. Un sourire amer flotte sur ses lèvres minces.*

Il bondit de terreur. Sors de là Rudy, sors bon Dieu, *SORS* !, il empoigne le miroir posé sur le lavabo et, d'un geste convulsif, éperdu, le fracasse à terre.

Une goutte d'eau glacée perle à son front. Arnaud s'essuie du coude et reprend son souffle. Au sol, à l'intérieur du cadre, une constellation de verre pulvérisé, délicate toile d'araignée de miroir brisé. Il s'avance, d'un pas méfiant. Ne voit que son reflet en kaléidoscope, ou plutôt des bouts de visage éclaté, est-ce Rudy ou bien Arnaud, ou bien quelqu'un d'autre, est-ce Jahan ou Christo l'épicier, Julian Assange ou Hakim le commerçant, il ne saurait dire, ce sont mille fragments d'Arnaud couturés qui le fixent à travers cette toile. Et au centre, un trou. Sous la violence du choc, quelques infimes morceaux de miroir sont tombés, laissant un vide au cœur de la toile. Et l'œil d'Arnaud est absorbé par ce vide, ce trou noir au milieu de sa tête fragmentée.

Et Rudy alors se laisse couler. Sa vie elle-même, désormais, n'est plus qu'un trou noir. Son existence d'avant, trop tard pour y retourner. Et pour dire quoi ? Qu'il s'est trompé ? Et pour faire quoi ? Dix ans de taule si les frères ne lui règlent pas son compte entre-temps, et puis se réinsérer, tenter de bosser ? Rudy avale une large taffe qu'il recrache dans les airs. Il la regarde s'évaporer, se dissoudre dans les airs, puis se tourne vers moi. « Ouais Arnaud, qu'est-ce que je pourrais bien foutre, hein ? Je sais rien faire, à part rêver. »

Alors, Arnaud voit, dans le miroir brisé, les mille fragments de visage sourire comme un seul homme.

*

Adèle ouvre la porte, le cœur galopant, le souffle court. La porte n'était pas fermée à clef. Bientôt elle comprendra. Ce n'est plus qu'une question de secondes. Bientôt. Elle en aura le cœur net.

« Arnaud ? »

Le silence de l'appartement lui étrangle l'estomac.

« Arnaud ! »

Un rai de lumière sous la porte de la salle de bains. Elle se précipite. Gestes d'automate déréglé. Elle n'en peut plus, elle doit... savoir, comprendre... elle va...

Sur le sol détrempé gît le miroir du lavabo, brisé. À côté, une bouteille de vodka vide.

Il n'y a personne.

PUBLIÉ LE 17 AVRIL 2023 À 06 H 33,
MODIFIÉ LE 17 AVRIL 2023 À 09 H 39

Le Monde avec AFP

L'AFFAIRE ARNAUD DAGUERRE ADAPTÉE EN SÉRIE SUR NETFLIX

Le 10 février 2020, l'hebdomadaire Le Miroir *révélait que l'un de ses plus éminents journalistes, Arnaud Daguerre, alors âgé de 38 ans et lauréat du prix Albert Londres 2011, falsifiait ses reportages depuis des années.*

Depuis cet événement, qui a créé une onde de choc dans le monde du journalisme et au-delà, en France comme à l'international, le faussaire s'est muré dans le silence, n'ayant accepté aucune interview ni apparition publique.

Mais l'affaire du Miroir *s'apprête à revenir sur le devant de la scène. Netflix a annoncé ce lundi la création d'une série librement inspirée du livre* Dix mille signes de mensonges *de Rodrigue Pasero, le journaliste pigiste qui a confondu Daguerre, publié en 2021. Le tournage devrait commencer prochainement.*

ACHEVÉ D'IMPRIMER
EN MAI DEUX MILLE VINGT-QUATRE
PAR L'IMPRIMERIE FLOCH À MAYENNE.